老いの孤独は冒険の時間

内科医・杏林大学名誉教授
Kyouzo Ishikawa, MD
石川恭三

河出書房新社

老いの孤独は冒険の時間＊目次

第二章

思い出を楽しむ時間を持つ

第三章 身近な人とのコミュニケーション術

第四章　老いに縛られない生き方

ブックデザイン　鈴木成一デザイン室

老いの孤独は冒険の時間

まえがき

　新型コロナウイルスが身近に潜んでいて、隙を狙って襲いかかってくるのではないかという、そんな恐怖心を私たちに抱かせている。この心理的負担が私たちの生活感覚を萎縮させている。緊急事態宣言が解除され、不要不急の外出を自粛するという要請が緩和されてからも、密閉・密集・密接の三密を避ける「新しい生活様式《ニューノーマル》」のことが、すぐに頭に浮かんできて、行動に自己規制をかけてしまう。

　世間一般の人のこのような引きこもりにも似た意識が、もともと三密を嫌い、不要不急の外出を控えることが多い高齢者の孤立化をますます助長することにもなりかねない。

　友達の中の、とくに誰というわけでもなく、ただ誰かと会って、話をしたいと思うことがある。そんなとき、彼も、そうだ、あいつも、もういなかったなあと思うことが多くなっていて、やるせない気持ちになる。

定年退職したときのように、それまでの多くの社会的つながりが、突然、断ち切られると、社会における自分の存在が希薄に感じられ、孤立感を抱くことがある。また、配偶者、親族、親友などの特別に強い絆で結ばれた人を失ったときには、喪失感とともに孤独の深淵をのぞくことになる。

若いころの孤独は、失望やときには絶望が隣り合わせになっていることがよくあったが、年をとってからは、孤独であることは何も特別なことではなく、ごく身近の日常的な心情になっている。今では、孤独を感じるときはしばしの間、心の赴くままにさせておくことにしている。

孤独は冒険の時間でもある。その冒険は人によってさまざまだろうが、今の私にとっては、老齢からくる可能性の限界ぎりぎりの局面で、自分は何をしたいのか、何をしなくてはならないのか、何ができるのかなどを楽観的かつ自己挑発的に探求することである。これがなかなかスリリングであり面白い。そんな冒険を人に話せば、身のほど知らず、年のほど知らず、だと一笑に付されることは必定《ひつじょう》なのだが、当の私は結構本気で面白がってそれを実行しようと思っている。

高齢になればそれなりに体にガタがくるのは当然である。だが、智力はますます冴えわたってきているし、「老働力」だってまだまだ捨てたものではないし、老人の底力をたっぷりと蓄えている。社会は、どしどし高齢者を使ってほしい。

私は一日を気楽に、できれば少々刺激的かつ挑戦的に過ごすことを優先する「ロウ（老）イング・マイ・ウェイ」（我が老いをゆく）を心がけている。そんな能天気な生活をしている中で気がついたことのいくつかをまとめたのが本書である。

本書が読者諸兄姉の元気の糧の一部になれば望外の喜びである。

この度も本書の企画、編集に多大なお力添えを頂いた河出書房新社の太田美穂氏に深甚なる謝意を表します。

令和二年十一月吉日

石川恭三

第一章

孤独との向き合い方

老いの孤独は冒険の時間

――未知の可能性を掘り出す絶好のチャンス

孤独の中に閉じ込められたときは、過去のしがらみを切り離して、自分とじっくりと対峙し、自分の中にまだ残されているかもしれない生きる希望の可能性を掘り出す絶好のチャンスになるかもしれない。孤独が自分探しの冒険をする絶好の時間であることを気づかせてくれた人と出会ったのは、大学の内科学教室を主宰していた、三十年ほど前のことだった。

母校出身の先輩医師から須藤純一さん（仮名）の診察を依頼された。須藤純一さんは七十代半ばの男性で高血圧と狭心症で先輩が診療を担当していたのだが、狭心痛の発症頻度が増え、その程度も強くなってきたために、心筋梗塞へ進展する可能性が高い不安定狭心症が疑われるので、至急診察してほしいとの依頼だった。

冠状動脈《かんじょうどうみゃく》造影検査の結果、左冠動脈の主幹部に高度な狭窄《きょうさく》が検出されたため、バルーンカテーテルによる経皮《けいひ》的《てき》冠動脈形成術（ＰＴＣＡ）が施行され、狭心痛は改善した。このことが契機になって、その後、長い年月にわたって、医者として、また、友人としての交際が続いた。

須藤純一さんは大手商社を定年退職したのち、子会社の役員を七十歳まで勤め、その後は夫人と二人で悠々自適の生活を送っていた。ところが須藤さんが七十二歳のとき、夫人がすい臓がんで急逝した。須藤さん夫妻には子供がいなかった。

一軒家での一人住まいが大変であることから、家を処分して姪の近くの１ＬＤＫのマンションに住まいを変えた。子供がいない須藤さん夫妻は、姪である夫人の妹の娘を小さいころから我が子のように可愛がっていたこともあって、その姪の勧めでマンションの購入を決めたようだった。

須藤さんが夫人を亡くしたあとの落ち込みから立ち上がるのに半年くらいかかった。月に一度は外来で須藤さんに会ってはいたが、個人的な詳しい話はできないでいた。

そんなある日、須藤さんが教授室に訪ねてきた。とりとめのない話が一段落ついたあと、須藤さんの口から出た言葉は意外なことだった。

「これからはときどき旅に出ようかなと思っているんですが、大丈夫でしょうか」

とこう切り出して、そうすることに決めた背景についての話をした。

夫人を亡くした喪失感に打ちのめされているとき、それに追い打ちをかけるように、大学時代からの無二の親友がジョギング中に胸部大動脈《だいどうみゃく》瘤《りゅう》の破裂により亡くなった。この青天の霹靂のような友人の突然死に見舞われた須藤さんは、突然、荒寥とした原野に一人置き去りにされたように感じられ、どうしようもない寂しさと虚しさに打ちひしがれ、孤独の重圧に押しつぶされそうになったと訥々と語った。

地方にいる仲間たちを普通列車で訪ねる旅

そんなとき、大学のバスケット部で一緒だった仲間たちからの励ましの手紙や電話が須藤さんの心を支えた。そこで須藤さんは一つの決断をした。それは、元気なうちに長い間会えないままになっている地方にいる仲間たちを一人ひとり順繰りに訪ねる小旅行をすることだった。

その際、時間はたっぷりあるので、飛行機や新幹線などを利用せずに、普通列車でのローコストの旅にすることにした。そうすることで、車窓からの眺めを堪能し、読書も愉しめるし、自分と向き合い、思索を深めることができるなどのメリットを期待したようだ。

このような計画を話す須藤さんには、以前のような年齢不相応にも見えた生気は見られなかったが、それでも厚い雲間から一条の光が射し込んでいるような、そんなほのかな明るさが垣間見られた。

その後須藤さんは、数ヶ月に一度くらい、各地の仲間を訪ねる旅をして久闊《きゆうかつ》を叙していた。ときどき届いた旅先からの葉書の中に、孤独をそっと包み込んでいる須藤さんの心の容《かたち》を窺《うかが》い知ることができた。

出入り自由、思索のための小部屋

孤独は、精神的な引きこもり状態であり、その中に閉じ込められている人間は、周囲から忘れられている透明人間のようなものである。孤独であることは、それで生活に支障をきたすことがないかぎり、雑音が入ってこない防音室の中にいるのに似ていて、それを居心地がいいと感じている人がいてもおかしくない。

孤独は出入り自由の思索のための小部屋だと考えればいい。そして、「談笑、ときどき、孤独」くらいがちょうどいい按配だと思っている。孤独を冒険の時間と心得て、どんなささやかなことでもいい、外に向かって行動することを忘れてはならないと、私は自分に言い聞かせている。

今という時間を楽しむ

——四季折々を一期一会の気持ちで愛でる

当たり前なことだが、私たちが実感できるのは今をこうして生きているということだけである。そして、次の瞬間に何が起きるかの確率的な予想を無意識のうちに行い、それに基づいて行動しているのである。

だが、その確率がほぼ百%安全と判断した次の瞬間、躓《つまず》いて転倒し大腿骨頸部《だいたいこつけいぶ》を骨折し、入院手術となり、それを契機に寝たきり状態に、そして認知症へと、ドミノ倒しのような悪夢の展開となることも現実には起きているのである。確実なことは今しかないということの感覚が、医者になって悲劇の場面に遭遇する度に骨身にしみていた。

私は手紙やメールの結びには、「今をエンジョイしてください」と書くことが多いが、それは今の私の実感なのである。

今を大切に生きたいと誰もがそう思っているはずなのだが、現実にはそのことを失念していて、ただ、そのときどきの流れに身をまかせているだけで、生きているということすら実感しないままに時を過ごしていることもあるのではないだろうか。若いころは、これから先も、このまま当分の間は今の状況が続くだろうと無意識に認識していた。

しかし、傘寿《さんじゅ》を越したこの年になると、もう残された年数が一桁であるのはまず間違いないことなので、今という時間をじっくりと味わえといつも自分に言い聞かせている。

私が今心がけていることは、やりたいことを最優先にして実行することである。そして、道義に反しないかぎり、やりたくないことはできるだけやらないことにしている。ところが困ったことには、やりたいことでも、体がそれについていけそうになくて、断念せざるを得ないことがやたらと増えてきている。

アメリカやヨーロッパへの長旅でも、今なら日にちの都合はいくらもつくが、体力的にはたしてそれが可能かどうかの自信がない。それに二〇二〇年の中国・武漢発生のコロナウイルスのパンデミックの影響で、海外旅行どころか国内旅行もしにくい状況が今も続いている。そんなときに、無理して出かけなくてもいいという気がして家に引きこもってしまう。それでも交通の便のいい、気軽に行けそうな景勝地へ出かけて、いつもと違う時間をのんびりと楽しみたいという気持ちはある。

記憶の壺から好みの思い出を取り出す

今したいと思っていることのランキングの上位にあるのは、若いころのある時期をともに過ごした旧知の人たち——そういう人が一人また一人とそれが叶わなくなってはいるが——と会って、その当時のことを思い浮かべながらお喋りをすることである。それは遠い昔の自分と出会う愉悦に満ちた追憶のひとときとなるだろう。昔を懐かしむことは若いころにもよくあったが、当然のことながら、年を重ねるにつれて思い出す場面が増えてきて、高齢の今となっては記憶の壺にぎゅうぎゅう詰めになっている。

その中から好みの思い出を取り出してじっくりと対面するのは実に楽しい。

食べることにとくにこだわるほうではないが、ひと月かふた月に一度くらい、日比谷にあるホテルの馴染みのレストランで食事をするのを長年続けている。ディナーはもう私たち夫婦にはヘビーすぎるので、特別のとき以外はランチにしている。そのレストランには三十年以上にわたって通っているので、気心が知れたウェイターも多く、来日して二十年以上にもなる、テレビで何度も紹介されている知名度の高いフランス人シェフともすっかり顔馴染みになっている。芸術作品ともいえる極上の料理を堪能しながら、洗練されたサービスと落ち着いた雰囲気に包まれて過ごすことができるそこでの時間を大切に思っている。

全身で「今」を存分に味わう

今、一日の中の中心においている時間は思索と執筆である。執筆するために思索をすることも、思索をして得たものを執筆することもある。自分らしさを維持していくために、思索と執筆が不可欠なものになっている。

それぞれの季節の中でふと、そこはかとなく心にしみる風情に気づいたとき、今この瞬間を安易に過ごしてしまってはもったいないと思えて、全身の神経を集中して今を存分に味わい、吸収するように指令を出している。春は、やわらかな日差しの中で若葉が萌え、草花は赤ん坊が満面に笑みを浮かべているようにそよ風に揺れている。夏は、猛暑の中でセミが命の第四楽章を荘厳に演奏し、樹木がじっと傾聴している。秋は、人生の夕焼けが浮き彫りにされているような雅な紅葉が広がり、人生のはかなさを語る静かな落葉。冬は、凍てつく寒さの中にやがて訪れる春の息吹を感じさせる健気な冬芽。そんな季節の折々の姿を一期一会の気持ちで愛《め》でることが、今はとても大切に思えるのである。

やってみたいことにチャレンジする
――夢を思い描く大切な時間

この年になってもまだやってみたいと思っていることがあるなどと口にすれば、年寄りの戯言《ざれごと》と失笑を買うのは重々承知している。だが、いささか気恥ずかしいことだが、結構、本気でそう思っているのである。

五十年近く前のことになるが、アメリカ留学中の夏に、二週間ほどのバケーションをとって、家内と二歳の娘を連れて旅に出た。

ワシントンから飛行機でソルトレイクシティまで飛び、そこでレンタカーで、イエローストーン国立公園、グランドキャニオン国立公園、ザイオン国立公園、ブライス国立公園、そしてラスベガスに着き、そこからシカゴ経由でワシントンに戻った。それは、運転音痴の私にしては、それこそ奇跡に近い一世一代の大イベントだった。そのときの感動を思い起こす度に、「夢よ、もう一度！」という思いが脳裏をかすめるのである。

だがもう今となっては、自分で運転して見て回ることは不可能に近いので、飛行機で目的地近くまで飛び、そこで現地発のツアーを探すか、それがないときは個人的にガイドを雇って周遊するしかない。もう、何度かこうして、「夢よ、もう一度！」の一部を実現してきたのだが、しばらくするとまた、あそこらを周遊してみたいと思うようになる。

もう三十年以上もスポーツジムに通っている。数年前まではエアロビクスを中心にしていたが、喜寿を越したころから膝に負担がかかるようになったので、筋トレと水泳に切り替えている。今は週に二回か三回、筋トレに三十分、水泳に三十分かけて老体を動かしている。もともと運動が苦手なので、このスポーツジムでの運動も、楽しんで自ら率先して行っているというよりは、体にいいからしかたなしにしているという気持ちのほうが強い。

そうは言っても、運動を終えたあとのすっきりとした軽い疲労感に心地よさを感じているのも確かなので、傘寿を越した今でも、このスポーツジム通いが続いているのであろう。

周囲に猛反対されたスキー計画

スポーツが苦手な私も学生のころは、まるで上達はしなかったがスキーだけは楽しんでしていた。だが医者になってからは、骨折でもしたら仕事に支障をきたすことになるという危惧から、まったくスキーをしなくなってしまった。

今なら時間もたっぷりあるし、多少の贅沢も許されるだろうから、個人的にインストラクターをつけて、緩やかなゲレンデで安全にスキーを楽しむことができるのではないかと、冗談半分に口にしてみたところ、周囲から猛反対の攻撃に遭った。骨折して、入院して、寝たきりになり、認知機能が低下し、そして、本物の認知症になる、というシナリオの主人公に仕立て上げての猛攻撃だった。

そのときは、これでスキー再開の夢は雲散霧消してしまったと諦めたのだが、しばらくすると、それでもやりようによっては何とかなるのではないかと、頭の中のバーチャルリアリティーの白銀の世界で、己が雄姿を展開させるのである。

卓球なら今でも楽しんですることができると思う。高校時代に昼休みを利用して、卓球をする仲間に入れてもらって、後に明治大学の卓球部で大活躍した友人から手ほどきを受けた。運動神経の鈍い私なので、初級レベルを超えるまでにもならなかったのは当然なのだが、それでも初級者同士のお遊びの競技では、ちょっとはいいところを見せることができるほどではあった。

多分、今でもまったくの初心者よりは少しはましではないかと自負しているのだが、もう何十年もしていないので何とも言えない。近くの体育館で卓球をしている中高年の人たちのグループがいるようなので、機会があったらのぞいてみようと思ってはいるのだが、かなりの上級者が多いとも聞いているので、しり込みしたままになっている。

これも無理なことと今ではもう諦めているのだが、太極拳を初歩の初歩から習ってみたいと、長年そう思ってきた。スポーツジムに太極拳のレッスンがあるので一度だけ入ってみたが、あまりに難しすぎてついていけなかった。ゆっくりとした動きで、決められた形を作ることができず、あまりにも無様な姿をさらしているのが恥ずかしくて、一度きりでやめてしまった。やはり、運動は私には向いていないらしく、せいぜいスポーツジムで、学校の体育の実地授業を受けるような気持ちで、真面目に筋トレと水泳をしているのが分相応なのであろうと思っている。

島崎藤村の大作『夜明け前』を読破

目的達成までは前途遼遠《りょうえん》だが、何とかしてやってみたいと思って実行していることがある。それは、本当なら『昭和文学全集』（小学館）全三十五巻を読破することなのだが、今の時点ではもはや不可能と思えたので、せめて一人の作家につき一つの作品を読むことに目標を切り替えた。それですらこれから相当な年月がかかりそうだが、やれるところまではやってみようと、面白がってやっている。

島崎藤村は『夜明け前』の一つの作品しか載っていなかったのでこれを読むことにしたのだが、これは小さな活字で三段組でぎっしり印刷されている五百三十三ページにも及ぶ大作で、その巻の約五十パーセントを占めていた。読み終えるのに四ヶ月もかかった。まさに文豪の著作に相応しい雄々しい作品であり、読み終えたときの達成感は大きかった。

もちろん、『昭和文学全集』に収められている作品以外にも、好きな作家の作品は網羅的に読んでいる。その中でも、曾野綾子さんの『湖水誕生』や佐藤愛子さんの『血脈』のような、著者の代表的な作品として知られている大作に挑んだときは、著者が費やした膨大な時間、才能の凝縮と創造性、想像を絶する努力と集中力と体力などのすべてが見事に結集されて完成したのがこの作品だと思うと、安易に読んでは申し訳ないので時間を決めて、ゆっくりと時間をかけて読んだ。

これから先も、やってみたいことがぽつぽつと出てくるだろう。目前の時間だけはたっぷりあるので、やってみたいことが出てきたら果敢にチャレンジしようと息巻いている。

「今さら」を「今から」にしてエクササイズ

——毎日四十分を目標に体を動かす

先にも書いた通り、私は自宅近くのスポーツジムに三十年以上通っている。大学に勤務していたころは、曜日も時間も不定期で週に二回を目安にしていた。今は週に三回、火、木、土の午前九時半から十一時半までの二時間をスポーツジムで過ごしている。

五年ほど前までは自分で車を運転して出かけたり、ときどきは歩いて行ったりしていたが、車の運転免許証を返納してからは、同じスポーツジムに通っている、近くに住んでいる娘が家内と私の送り迎えをしてくれている。かつてはエアロビクスを中心にしていたが、インストラクターの動きについていくのに四苦八苦するようになり、これ以上続けていると、すぐ近くにいる人と接触したりして、迷惑をかけることになると思い、諦めることにした。そして、今は筋トレと水泳の二本立てにしている。

私は子供のころから運動が好きではなかったし、自分に向いているとは思わなかった。まともに運動をしたのは大学の柔道部に入って稽古をしていたときくらいである。

杏林大学へ職を移した四十代半ばころから、生活習慣病（当時は成人病といわれていた）とその予防に世間の注目が注がれるようになった。ちょうどそのころ出版した『心臓病で死なない本』（主婦と生活社）が契機になって、テレビやラジオや講演会に出演する機会が増え、狭心症や心筋梗塞などの虚血性心疾患の予防には肥満対策のダイエットと運動が必要であることを解説するようになった。

そうなると、肥満体で運動嫌いな自分がぬけぬけとダイエットや運動について話をするのが気恥ずかしくなり、「まず隗《かい》より始めよ」と一大決心して、栄養士でもある家内の指導のもとでダイエットに専念し、スポーツジムでエアロビクスを開始した。時間はかかったが、数年後には九十キロ近くもあった体重が七十キロになり、エアロビクスが楽しくなり、大汗をかいて運動をしたあとの、あの爽快感を味わうことができるようになった。

運動不足のデメリットはあまりにも多い

運動不足は全身の臓器の機能低下ばかりではなく、心理面や生活の質の悪化をもたらす。また、運動不足は、肥満・糖尿病・脂質異常症・動脈硬化・高血圧・メタボリック症候群へとつながり、死亡リスクを高めることになる。

我が国の疫学調査（コホート研究のメタ解析）の結果、身体活動の低下・運動不足は、喫煙、高血圧に次いで、死亡原因の第三位であることが示唆されている。まさか、身体活動の低下・運動不足がそんな深刻な事態を惹起《じやつき》させているとは思ってもいなかったという人が少なくないのではなかろうか。

急速に進行している超高齢社会において、サルコペニア（筋肉量が減少して筋力低下や身体機能の低下をきたしている状態）やフレイル（加齢により心身が老い衰え、そのままでは寝たきりになる可能性が高い状態）の高齢者や、すでに虚血性心疾患や心不全に罹患《りかん》している人に対しても、運動の有効性は大いに期待されているのである。

私たち高齢者はどのくらいの運動量の身体活動が望ましいとされているのだろうか。厚生労働省からの推奨では、六十五歳以上では、運動強度は問わず、身体活動を毎日四十分、一週間で十エクササイズ（Ex）の運動としている。ちなみに、十八〜六十四歳では、三メッツ（Mets）以上の身体活動を毎日六十分（一週間に二十三Ex）としている。

運動強度（メッツ）を参考にしよう

ここでメッツ（Mets: Metabolic equivalents）とエクササイズ（Ex: Exercise）について触れておきたい。

メッツというのは、運動によるエネルギー消費量が安静時の何倍に相当するかを表す単位で、座って安静にしている状態を一メッツとしている。運動量（エクササイズ）は運動強度（メッツ）とその運動をした時間の積（エクササイズ＝メッツ×時間）である。また、メッツとエクササイズを使って次のようにエネルギー消費量が計算できる。

エネルギー消費量（キロカロリー）＝エクササイズ×体重（キログラム）×一・〇五

個々の運動のメッツについてはインターネットで検索すれば容易に知ることができるので、ここではいくつかの運動のメッツを紹介するにとどめておく。

ゆっくり歩行（三メッツ）、家での体操（三・五メッツ）、カートを使ってのゴルフ（三・五メッツ）、かなりの速歩（五メッツ）、エアロビクス（六・五メッツ）、水泳・背泳（七メッツ）、テニス（七メッツ）、ジョギング（七メッツ）、水泳・ゆっくりクロール（八メッツ）、水泳・平泳ぎ（十メッツ）、水泳・バタフライ（十一メッツ）。

体重七十キログラムの男性が三十分間（〇・五時間）、ゆっくり散歩（三メッツ）をしたときのエクササイズは一・五メッツ・時（三メッツ×〇・五時間）となり、消費エネルギーは一一〇キロカロリー（一・五メッツ×七十キログラム×一・〇五）となる。

そして、体重七十キログラムの私は、スポーツジムでマシーンによる筋トレ（六メッツ）を十分（六分の一時間）、平泳ぎ（十メッツ）を十分（六分の一時間）、背泳ぎ（七メッツ）を十分（六分の一時間）行っているので、エクササイズは三・八メッツ・時（六×六分の一＋十×六分の一＋七×六分の一）になる。これによるエネルギー消費量は約二百八十キロカロリー（三・八×七十×一・〇五）となる。

これはいなりずし二つ、ザルソバ一人前、ハンバーガー一個分のカロリーに相当する。スポーツジムでの週三回の運動量は約十一・四メッツ・時（三・八メッツ・時×三回）なので、厚生労働省が推奨する十メッツ・時／週にはかろうじて合格している。

自分ではかなり運動しているほうだと思っているのだが、ちょっと手を抜けば運動不足のレベルになるのは間違いない。「今さら」を「今から」にする心がけで、エクササイズをエンジョイしようと思っている。

想像の翼を広げて

――年齢を重ねるほど、想像することは楽しい

ＮＨＫの朝ドラ『花子とアン』（二〇一四年度上半期）の中で、花子が「想像の翼を広げて」と落ち込んでいる人を励ましている場面が何度もあったが、私たちは小さいころからしょっちゅう「想像の翼」を広げて夢を楽しんできたのではないだろうか。そして、ずっとあとになって、その中のいくつかは、まったくその通りではないにしても、現実になっていることに気づくことがある。

中学生のころは、英語をペラペラと話したり、分厚い英語の本をすらすら読んだり、アメリカ人の友達と遊んだり、などと、英語が得意科目だった私はいつも英語が絡む想像の翼を大きく広げていた。あとになって考えてみると、ペラペラとまではいかな

いまでも、留学中、アメリカでの日常生活にそれほどの不自由を感じないくらいには英語を話せるようになったし、英語の本は専門書はもちろんのこと、一般書もまず問題なく読めるようにもなった。そして、多くのアメリカ人の友人を得ることができた。

脳外科医、ベン・ケーシーに憧れて

高校生のころは自分の将来をいろいろと想像していた。外交官になってアメリカやイギリスに行き、外国映画に登場する恰好いい外交官のように華々しく活躍している自分を想像していたこともあった。また、英文学の教授になって研究に没頭している自分も悪くはないと思っていたときもあった。

だが、最も強烈な影響を受けたのは、医学生のころに見た「♂♀＊†∞」と黒板にチョークで書かれ、そこに「男、女、誕生、死亡、そして無限」というナレーションが入るオープニングで始まる『ベン・ケーシー』という白黒のテレビドラマだった。これは、正義感に満ちた勤勉で知性的な若い脳外科医、ベン・ケーシーの活躍を描いたものである。そして、ベン・ケーシーの恩師のゾーバ博士も魅力的だった。私はベン・ケーシーのようなドクターになれたらどんなに素晴らしいだろうと、想像の翼を最大限に広げて大空を旋回する。そして、アメリカの大学病院で働きたいという思いがつのっていった。頭の中にいる私は、ベン・ケーシーが着ているあの詰襟、半そでの白衣を着て、病院内を飛び回っていた。

ベン・ケーシーとほぼ同じ時期に放映されていた、青年医師を主人公にした人気ドラマに『ドクター・キルデア』があった。これは、インターン内科医のキルデアが病院長ギレスピーの厳しくも温かい指導の下で医師として人として成長していく物語である。『ドクター・キルデア』を見るようになってからは、ベン・ケーシーのような脳外科医もいいが、こんな内科医になるのもいいかなと、私の想像の世界では、ベン・ケーシーかキルデアかのどちらをとるか、というところまで進展していたのである。

そのどちらをとるにしても、アメリカの病院で医師として働くためには、その前に、基礎医学と臨床医学のすべての知識を試されるＥＣＦＭＧ（Educational Commission for Foreign Medical Graduates）という試験に合格しなくてはならないという厳しい現実があった。だが、ベン・ケーシーかキルデアかにまで舞い上がっていた想像のパワーが、怖いもの知らずの若いエネルギーに火をつけて、私に馬鹿力を発揮させ、何とかパスさせてくれたのである。

想像はときに現実のものとなる

このように想像の翼を大きく広げて飛んでいるうちに、想像していた着地点か、それに近いところへ、ふわっと舞い降りることができたと思えることが、それほど多くはないとは思うが、いくつかは確実にあった。

入院患者さんには退院したらどうするかを想像することを勧めていた。退院したらすぐにやらなくてはならない現実的なことばかりではなく、もし、できることならこうしてみたいというような、たとえば、海外旅行へ行きたい、家を改築したい、これまでの生活を一新したい、などと思いきったことを想像することを勧めた。

そして、回診のときや、ふらっと病室を訪れたときに、どんな想像をしたのかを訊いて、ときにはその想像の世界に加わったりもした。夢のような楽しい想像の話をしているときの患者さんは、まさかそんなことが現実にはできると思ってもいませんがと言いながらも、それが叶ったらさぞかし楽しいだろう、という思いが言葉の隙間からこぼれ出ているように感じられた。

「朝、目が覚めたら病気がすっかり治っていて、先生からいつ退院してもいいと言われることを想像するんです。退院のことを家内に電話すると、泣いて喜んでいる家内の声が電話口から伝わってくるんです。そして、その日の午後、家内が迎えに来て、病室の皆さんにお別れを言って、家内が運転する車で家に帰ります。家には高校二年の娘と中学三年の息子が出迎えてくれます。その夜はゆっくりと風呂に入り、家内の手料理がいっぱいに並べられた食卓を囲みます。そして、家内の隣のベッドに入って、ああ、なんて幸せなんだろうと思うんです。病気さえ治ったらあとはもう何もいらないと思い続けてきましたから、もうそれ以上のことは想像できないんです」

この四十七歳の白血病の男性は、すでに何通りかの抗がん剤による治療を受けてきたが、完全寛解にまでは至っていなかった。それでも、新しい治療が開始されれば、今度こそはという望みを託して、苦しい副作用に耐えていた。想像の翼を広げて、完全寛解になって白血病から解放されたときのことを頭に描いていたのであろう。

後日談を言うと、少し時間はかかったが、この患者さんは完全寛解になって退院したのである。

想像の翼は年をとってもさほど衰えていないらしく、今もいろいろな奇想天外な想像の世界にお邪魔して、暇をつぶすことがときどきある。これがまた、実に楽しいのである。

退屈と上手に付き合う方法

――思索のゆりかごで、精神が緩みすぎないよう注意する

今の私にとって、退屈しのぎにするベスト・テンは何だろうかと、退屈しのぎで考えてみた。順位はともかくとしてこんなことが頭に浮かんできた。

❶見る

撮りためてあるテレビ番組のリスト画面の中から、そのときの気分に合ったものを選んで見る。最近のテレビは同じ時間帯の複数の番組を同時に録画することができ、しかも録画可能な時間が何百時間と、考えられないほどの長時間になっている。私の部屋のテレビは十年近くも前のものだが、それでも同じ時間帯の三つの番組を録画で

き、録画可能な時間は百時間ほどである。まあ、これだけあればちょっとした退屈しのぎには事欠かないでいられる。

❷ 歩く

歩くといっても散歩に出るのではなく、居間の隅っこにある年代物のトレッドミル（ウォーキングマシーン）上で三十分間歩くのである。初めの五分間は時速三・〇キロ、次の五分間は三・五キロ、その次の五分間は四・〇キロ、そして、次の五分間は四・五キロと速度を上げる。残る最後の十分間は、二分間隔で二・五キロと五・〇キロを交互に二回ずつ行い、最後の二分間は二・五キロと五・五キロを一分間ずつ行う。下着一枚でこの運動をするのだが、上半身にたっぷりと汗をかく。そして、これが終了したら、前もってセットして沸かしておいた風呂にゆったりとつかる。これがまた何よりの醍醐味なのである。

❸ 書く

書くことが今では仕事の一部になっているので、退屈しのぎに書くというのもいささか妙な話だが、それでもそんな気持ちでパソコンに向かうことはしょっちゅうある。

今書いているものをどのように進めるか、次にどのようなテーマを取り上げるかなどと思いを巡らせるのもいい退屈しのぎになっている。

❹ 読む

『昭和文学全集』の中から一作家一作品を読むことを諦めたわけではないが、時代感覚からかなりずれている作品が多く、また、文学作品としては優れているのだろうが、堅苦しく感じられるものも少なくない。そこで、退屈しのぎに軽く読める、今活躍している作家のエンターテインメント小説の文庫本をいつも何冊か手元に用意しておくことにしている。

外出したときに書店に立ち寄って、本探しをするのは楽しいのだが、それができないときにはインターネットで本探しをしている。インターネットでは書店で展示されていない中古本も数多く目にすることができる。それらの中には、定価の十分の一以下のものも少なくなく、送料だけでただ同然のものもときどき見かける。そんな信じられないような低価格で本を入手したときには、得をしたという気分の傍《かたわ》らに、著者に対して申し訳ないことをしたという罪悪感に似た感情がある。

❺ 聴く

高校時代からクラシック音楽を聴くのが好きで、音楽がすぐ近くにあるのが普通になっていて、いつでも手軽な退屈しのぎの相手になってくれる。CDを買い集める時代を通りすぎて、今ではパソコンの中に取り込んである曲は全部で一万二千曲ほどある。CDだと取り替える作業をしなくてはならないが、パソコンならば、パネル上の操作だけで好きな曲を選択して聴くことができる。初めに選んだ曲が終わっても、自動的に次の曲へとつながるので、パソコンを停止しないかぎり次々に演奏が継続される。これだと、リクライニングチェアで音楽を聴いていて、ついうとうとと眠ってしまっても、目が覚めたときに音楽が聞こえてくるという贅沢を味わうことができる。

❻ メールする

退屈だからといって、特別な用事もないのに、知人・友人に電話をするのも気が引ける。それに相手が電話を受けられる状況にあるのかどうかもわからない。パソコンでのメールなら都合のいいときに読めて、返信するのも容易で便利である。スマホを使えば、もっと便利なのだろうが、スマホとは縁のない私にはパソコンが頼りである。

退屈しのぎに手紙を書くこともよくしている。自慢するほどの筆まめではないが、手紙を書くのにそれほどの抵抗感はない。手紙を出せばたいていは返事がもらえるので、それが楽しみで手紙を書くということもある。それに、大事にしていたペンを使わないままにしておくのはもったいないというケチな性分から、乱筆乱文を承知のうえで手紙を出すことにしている。

❼将棋をする

将棋の駒の動かし方を覚えたのは小学生のころだが一向に強くならず、勝負事に興味がないせいもあって、これまで将棋を指す機会はごく稀にしかなかった。それでも、孫息子が小学生のうちはときどきは相手をしてくれていたが、中学生になってからはその機会がほとんどなくなってしまった。そこで今はパソコンに取り込んである初級用の将棋ソフトを相手にときどきプレイをしている。初級といっても相手は滅法強い。何年か前に、一度だけ勝ったことがあるが、それ以来いつも無残な負けばかりである。でも、いい退屈しのぎにはなっている。

❽スポーツジムに行く

COVID-19のコロナウイルス禍で閉鎖されていたスポーツジムが再開されて三ヶ月ほどしてから、混雑時を避けて週に三回、スポーツジムで筋トレと水泳・水中歩行を各々三十分間を目安に行っている。スポーツジムにいる間はもちろんのこと、家に帰ってきても心地よい疲れがあるために、退屈を感じることは軽減されている。

❾ お喋りする

コロナウイルスの感染予防対策の一環として、外ではできるだけ人とお喋りをしないようにすることがすっかり身についてしまった人が多いのではないだろうか。私もご多分に漏れずその一人で、タクシーの中ではドライバーとは必要最低限の話しかしないようにしているし、理容室でも口を閉ざし、患者として――多発性リウマチ性筋痛症で定期的に診察を受けている――病院の待合室で長時間待たされて退屈しているときでも、隣の人との会話を避けるようにしている。だが、せめて家の中では、沈黙は猛毒、お喋りは百薬の長であることを思い起こして、身内の者ととりとめのない話をすることにして、もっぱら退屈をしのいでいる。

❿ 茶を淹れる

自慢ではないが煎茶を上手に淹《い》れることにかけてはいささか自信がある。それは十代の初めのころからお茶好きの伯父の影響を受けて、お茶の淹れ方にこだわるようになったからである。退屈してくると気分転換のためにもお茶が飲みたくなる。煎茶にするか、玉露にするかを決め、それに合わせて茶碗を選ぶ。私には高級な茶碗を集めるという趣味はなく、ただ、手に持ったときの感触が自分の好みに合ったものをこれまで集めてきた。ゆっくりと時間をかけてお茶を淹れ、それを持って書斎へ行き、さあ、これから何をしようかと、思いを巡らせながらお茶を飲む。何の変哲もない一連の動作なのだが、これが退屈の時間から離れて次のステップへと進む一つのプロセスになっている。

退屈は思索のゆりかごであり、決して悪いことではないが、それに慣れすぎると精神のたがが緩んで活力が失われていくことにもなる。退屈とはほどほどの付き合いが肝要である。

老人の底力

――老いの我が身を「捨てればゴミ、生かせば資源」と心得る

もうこうなったら、とことん前へ突き進んでいくほかはないと覚悟を決めて、がむしゃらに頑張って、何とか厳しい局面を乗りきったことが、これまでの人生の中で何度もあったという人は少なくないだろう。そして、あのような不可能を可能にしたような馬鹿力を産み出せたのは、自分の中のいったい何だったのだろうかと不思議に思うこともあるに違いない。

それは人それぞれに、いろいろなことが絡み合ってのことだろうが、私の場合の多くは、その原動力の中心にいつもあるのは、生来の愚鈍さだと思っている。愚鈍な性格であるために、急激な環境の変化に対しても反応が鈍く、普通の神経なら到底耐え

られないような劣悪な環境の中に追い込まれても、何とかやりくりしながらその場を切り抜けることができたのだと思う。

いつも困難に向き合うと、愚鈍な性格が後ろ盾になっている忍耐強さが、脆弱な私の心の支えになっていることを思い起こさせ、今度もそのうち何とかなるだろうと、そんな気にさせてくれるのである。もうずっと前からだが、忍耐さえしていれば、たいていのことは最悪の事態にはならずにすむと確信するようになっている。

可能性が少しでもあれば、覚悟してやり通す

だが、ただじっと忍耐しているだけで何もしないでいたら、それこそ落ちるところまで落ちて、再起不能になることも、もちろん、充分承知している。苦境のどん底にいるときには、どんなに些細なことでも、また、途方もない努力を要するだろうことでも、もし、それをすることで事態の打開につながる可能性が少しでもあると確信したなら、それを最後までやり通す覚悟が私にはある。

この覚悟のルーツは、小学二年生のときに母の実家の新潟へ疎開していた夏休みにまでさかのぼる。一学期のあまりに酷い成績にショックを受けた私は、もし、友達が昼寝をしている間に頑張って勉強したら、二学期はクラスで一番になれると従妹に励まされて、それを完璧に実行したのである。実際には一番になれたという記憶はないが、それでもかなりの好成績で教師や周囲の人たちから称賛を得たという記憶は鮮明に残っている。

　そのとき、自分は鈍才だが人の何倍もの努力をすれば、秀才の近くにまでは辿りつけるという自信を脳裏に植えつけることができたのだと思う。

　この自信はその後の私の人生の中で大きな力になっている。どうにもならなくなったら、ゼロからこつこつとやりなおせばいい、という覚悟がいつも心の奥に温存されているのである。

九十で迎えが来たら、百まで待てと追い返せ

高齢者の強みは豊富な経験である。今、目の前で起きているような出来事と同じようなことをこれまでに何度も見てきているので、これから先、どのように展開していくかのいく通りかの予想が頭に浮かんでくる。そして、それぞれにどのように対応すればどうなるかの大よその見当をつけるのはそう難しいことではない。これは年寄りの長い経験を通して得た貴重な知恵なのだが、世間ではうまく利用されていないことが多い。高齢者一人ひとりが長い経験を通して身につけた知識や技量がそのまま使われずにお蔵入りになってしまうのはあまりに惜しい気がする。

　私は五十年以上にわたって内科医として患者さんの治療に携わってきた経験を、高齢を理由に捨て去ることができないでいる。私の中には医者として使い物になるものが、それほど多くはないかもしれないが、専門分野の中にはまだ充分残っていると自負している。老齢の我が身を「捨てればゴミ、生かせば資源」と心得て、心身ともに

診療に耐えられるかぎり、医者を続けたいと思っている。

定年退職後に、稀少性価値の高い資格や技能のある一部の人を除いて、その経験が充分に生かされないまま仕事の第一線から身を引いている人が多いのではないだろうか。これは国家的損失といっても過言ではないと思う。もったいないかぎりである。

これから先、ますます少子高齢化が進み、必然的に労働力が不足してくる。これに対応するために、仕事の効率化、ＡＩ（人工知能）の導入、外国人労働者の受け入れなどのさまざま施策が検討されている中に、当然、高齢者の労働力（老働力）の利用も組み込まれているはずである。

この「老働力」の利用を拡大し、充実させるための取り組みを真摯に検討する必要がある。

人生百年時代といわれる今日では、「五十、六十は鼻たれ小僧、七十、八十は働き盛り、九十で迎えが来たら、百まで待てと追い返せ」が、それほど現実離れした話ではないように思える。次世代の人たちに少しでも豊かな国を引き継いでもらうために、老人の底力を発揮して、もうひと働きしてみるのも粋なものだと思う。

第二章

思い出を楽しむ時間を持つ

近道、寄り道、回り道

——人生の散歩コースから見えてくる情景

新緑がまぶしく感じられる上天気の昼下がりに、家に引きこもってばかりでいても面白くないので、久々に散歩に出ることにした。何年か前までは近くにある「21世紀の森と広場」という広大な森林公園へ、一万歩のウォーキングを目指して散策していたが、今はすっかり縁遠くなっている。

週に三回スポーツジムで筋トレと水泳の真似事をしているので、これでもう充分だと勝手に思うことにして散歩はさぼっている。でも、ときには、そこいらをぶらりと散歩したくはなる。

歩きやすい軽いズボンに、Tシャツにちょっと派手なシャツを羽織り、ベースボールキャップをかぶり、サングラスをかけ、半年ほど前に手に入れたウォーキングシューズを履いた。途中で疲れて歩けなくなったらタクシーを呼べるように、ガラケーと小銭入れをズボンの尻のポケットに入れて家を出た。近くの駅のそばにある本屋に行って帰ってくるだけの散歩だが、これまでに手がけたコースがいく通りもある。

広大な常盤平《ときわだいら》団地内に網の目状に広がっている小道を行き当たりばったりに選んで通ることもよくあったし、二組の野球ができる大きな広場を囲むようにしている森林公園周辺の遊歩道も好みのコースだった。だが、近ごろはそんな回り道などしないで、最短距離の近道を選び、ときには途中で諦めて帰ってくることもある。

ガラケーに記録された歩数

その日は、大きく回り道をすることはしないが、最短距離のコースをとらずに、ちょっとだけ回り道をしてみようと思って出た。家を出てすぐの長い坂道を下って上ると日本の道百選に選ばれた「常盤平さくら通り」に出た。そこまで行くのに十分ほどかかった。そこから同じ道を引き返すこともちらりと頭に浮かんだが、そうしないで、さくら通りをゆっくり二十分ほどかけて歩いて新京成電鉄「常盤平」駅まで行き、駅前の本屋に小休止を兼ねて立ち寄った。そこでひと息ついてから、駅前から南に向かう新・日本街路樹百景に指定された「常盤平けやき通り」を途中何度も立ち止まって休み、三十分近くかけて家に戻った。このコースは今の私にとってはかなりハードだったが、ガラケーに記録された歩数は七五五三歩で一万歩までには届かなかった。

ゆっくりと風呂に入ってから書斎のリクライニングシートに横になった。疲れが心地よかった。そして、その日の散歩コースをあれこれ思い浮かべているうちに、近道や寄り道や回り道はいろいろな状況にもあるのではないかと思えてきた。

大きな寄り道をしてつかんだ幸運

これまでの人生の軌跡を振り返ってみると、あちこちで近道をしたり、寄り道したり、回り道したことがよくわかる。自分では近道だと思って辿った道が途方もなく遠い道だったり、遠い道に見えたのが、意外や近道だったりしたこともあった。また、偶然出会った人が近道へと案内してくれた幸運もいくつもあった。

そんなことに思いを巡らしていると、一人の旧友のことが思い浮かんだ。その友人はおそろしく要領が悪く、近道とわかっていても、回り道を選んだり、急がなくてはならないのに寄り道をするような人物だった。図書館で勉強していて、理解できないことにぶつかると、それを理解するために別の本を持ってきて調べ、そこでまた理解できないことがあると、また、別の本で調べるということを繰り返すので、勉強がなかなか先に進まない。

学年が進むにつれて試験がやたらと多くなり、要領よく勉強をこなしていかないと追いつかなくなる。試験に落ちて追試を受けなくてはならなくなると、そのための勉強も増え、ますます状況が苦しくなる。友人はこんな苦境が日常化していたが苦にしている様子など見せない大物だった。

インターン生のころ、その友人はアメリカへ留学するのに必要な資格試験（ＥＣＦＭＧ）を受けるために、私と一緒に図書館に立てこもるようにして勉強していた。完全に理解できるまで掘り下げてする勉強は相変わらずだったので、計画通りに勉強が進まず、そのうえに、大恋愛をするという大きな寄り道をすることになった。結局、友人はＥＣＦＭＧを諦めることにはなったが、翌年、恋愛が実ってめでたく結婚する幸運を手にしたのである。

こうして人生のいろいろな場面での近道、寄り道、回り道を回想してみるのも面白いと、暇な時間を持て余している私は気に入っているのである。

「やったあ！」の感動が生命力を高める

――いい思い出は、人生の苦しさを忘れさせてくれる

これまでの人生の中で「やったあ！」と快哉《かいさい》を叫びたくなるほどの喜びを感じたことがどれほどあっただろうか、と暇にまかせて思い浮かべてみた。今になっては、その当時の感激がいかばかりであったかは想像の域を出ないが、それでも記憶の中にはっきりと快哉の感動が刻み込まれている。

まず、頭に浮かぶのは大学受験の合格発表を見に行ったときのことである。同じような場面に遭遇した人は多いだろうと思う。大学の入口に近づくと、合格した喜びのオーラが全身から噴き出ている人や、不合格だったことがひと目でわかるほど落ち込んで肩をすぼめている人がぞろぞろ出てきていた。その不合格者とおぼしき人を予備

校のスタッフが目《め》敏《ざと》く見つけて、手際よくパンフレットを配っていた。

はやる気持ちを抑えて合格者発表の掲示板に近づくと、そこは黒山の人でごった返していて、どこに医学部進学コースの掲示があるのかわからなかった。いくつもある掲示板をあちこち探し回って、やっと一番端にそこだけが取り残されたように、合格者六十名と数名の補欠者の受験番号が記された一枚の紙が、ぽつんと貼られているところに辿りついた。その掲示板の前には、ほんの数名の人しかいなかった。その人たちもすぐにいなくなったので、覚悟を決めて掲示板に近づき、合格者番号に見入った。

そして、そこに紛れもない自分の番号を見つけたときには、心臓がひっくり返るほどに感激して、快哉を叫びたいほどであったが、そこをぐっと堪《こら》えた。そうしたのは、家を出るときから、結果がどうあろうと、何事もなかったように冷静に振る舞おうと決めていたからである。そして、大学を出るとき、いくつもの予備校のスタッフからパンフレットを手渡された。そのとき、内心では「やったあ！」と呟き、ニンマリとしたことを覚えている。

運転免許取得から返納までの五十年

自動車教習所で最後の実地試験に合格したとき、思わず「やったあ！」と叫んでしまった。たかがそのくらいのことで快哉を叫ぶのは大袈裟ではないかと言われるかもしれないが、自動車教習所の指導員から度々匙を投げられ、いよいよもう駄目かなと諦めかけていた者にとっては、実地試験のすべてに合格したことは、まさに快哉に値する快挙だったのである。

六ヶ月間で実地試験のすべてに合格しなければならない、という規定のまさにぎりぎりのところで終了した。フレッシュマンの忙しい最中に、こっそり病院を抜け出して、病院からタクシーで十分とかからない赤坂自動車教習所に通っていたのである。たいていの人は一ヶ月ぐらい、長くても二ヶ月もあれば楽々と免許を取得できたのに、私は六ヶ月もかかってしまった。

免許証を手にしたあと、仲間からも家の者からも、運転には向いていないと決めつけられたし、私自身もそう思っていたので、車の運転はしないでいた。

　だが、アメリカへの留学が決まり、アメリカでは車の運転は不可欠であるとのことから、何人もの人に頼んで特訓してもらったが、それでも一向にうまくならなかった。あれから五十年近く経って、「ハンドルよ、さらば」と宣言するまで、ずうっと自他ともに認める下手なドライバーのままだった。しかしながら、人様を傷つけるような大きな事故もなく、運転免許証を無事に返納できたときは、「やったあ！」と快哉を叫びたい気持ちでいっぱいだった。

　留学を受け入れるという手紙を手にしたときは、まさに天にも上るほどに歓喜して、「やったあ！」と叫んだ。留学するならこの二人の教授のどちらかしかいない、と決めていたそのうちの一人の教授から、留学を受け入れるという手紙が届いたのである。二人の教授に留学したい旨の手紙を出す際に、先輩のアドバイスにしたがって、これまでの研究業績などたかが知れているので、ほんの付け足し程度に留めて、自分が今、何ができるか、何がしたいかを強調して書いたのがよかったようだった。

　一人の教授からは、今はリサーチフェローのポジションに空きがないが、将来、空きがでたら考慮するという断りの手紙が届いた。それだけに、多分、もう一人のジョージタウン大学のピップバーガー教授からも、やがて断りの手紙が届くのではなかろうかと、毎日、戦々恐々とした気分で過ごしていた。

一ヶ月が過ぎ、二ヶ月が過ぎてもまったく音沙汰なしだった。もうそのころは、あの手紙など一笑のもとに破棄されたのだろうと諦めかけていたので、その朗報を手にしたときの喜びは最大級のものだった。その手紙には返事が遅れた理由として、フェロー（特別研究員）を受け入れるだけのファンドのやりくりに手間取ったとの説明があり、そして、私をリサーチフェローとして歓迎すると記載されていた。空腹は最大のアペタイザー（前菜）と言われているように、待ちに待ったすえに手にした朗報は、夢と希望を大きく膨らませるアペタイザーになった。

アメリカ留学中に長女が誕生したときの祝福

ジョージタウン大学に留学して二ヶ月後に、超弩級の「やったあ！」を叫んだ快事があった。それはニューヨークで開かれた学会に教授と一緒に参加した日の夜のことだった。泊まっていたホテルのベッドでうとうとしかけたとき、電話のベルで叩き起こされた。それは日本からの電話で、長女が無事に生まれ、母子ともに健康であるという義父の大きな声が伝わってきた。出産予定日が何日も過ぎ、ひょっとしたら学会出席中に生まれるかもしれないということで、宿泊先のホテルの電話番号を知らせておいたのである。

義父からの電話のあと、とりあえず教授には報せておこうと電話をしたところ、すぐに教授が宿泊しているホテルまで来るようにと言う。しり込みしている私に何がなんでもすぐに来るようにと、いつになく強引に言うので、しかたなしに数ブロック先の高級ホテルの教授の部屋を訪ねた。

部屋のドアが開かれると、そこには教授夫妻がすっかりドレスアップして待っていて、さあ、これから祝杯を上げにバーへ行こうと、あっけにとられている私を連れ出した。そして、バーに入ってすぐに教授が、私に初めての娘が日本で誕生したことを大声で伝えると、たちまちあちこちから、「ウォー」という歓声と拍手と、“Congratulations!”

（おめでとう！）の声が竜巻のように沸きあがった。うれしさがこみ上げてきて、感涙で眼鏡がくもって前が見えないほどで、まさに超弩級の感激だった。そのときの娘は今、大学院生の娘の母親になっている。

そのほかにも「やったあ！」と快哉を叫んだことがいくらもあった。循環器の専門書や一般書が上梓される度にさまざまな「やったあ！」を経験した。そして、今なお記憶のど真ん中にある大きな「やったあ！」の感動は、四十年近くも前に外来診療中にかかってきた外科学教授からの電話で、

「たった今、教授会で君が第二内科学教授に選考されたよ。おめでとう」

という声を聞いたときだった。その吉報を聞いたあと、座右の銘の「得意冷然、失意泰然」を思い起こして、内なる歓喜を押し殺して、冷然として外来診療を続けなくてはと努めたことが懐かしく思い出される。

こうしてこれまでの感動の場面を振り返ると、その何倍、いや何十倍もの苦渋に満ちた場面がきれいに洗い流されるような気がしてくる。

「しまった！」を連発した若き日々
——大失態の記憶の数々

大失策をして、「しまった！」と心の中で絶叫したことがこれまでにどれくらいあったか、想像もつかないほどである。そのときは、当然のことながら、ひと悶着もふた悶着も、ときにはそれ以上の悶着にもなったこともあったが、最後には何とかそれなりの容《かたち》で収束されたのだった。もうすっかり記憶の奥底に埋もれている数々の大失策を掘り起こしてみると、「なんで、あんなことを……」と身の縮む思いをした当時の気持ちが蘇ってくる。

結納前日の脱臼ハプニング

結納の前日の夜、就寝中に右肩の激痛で目が覚めた。「しまった！　またか」と思って左手で右肩を触ってみると、肩関節がすとんと抜け落ちていた。明らかに右肩関節の脱臼とわかった。

それより半年ほど前、山中湖湖畔の合宿所で行われた大学の柔道部の夏の合宿に、先輩として参加した折の練習中にも、肩関節が脱臼して、近くの診療所で整復してもらったことがある。そのときより酷い痛みだった。寝ているときに右腕を上方に持ち上げるか、捻《ひね》るかして脱臼したのだろう。肩関節脱臼は習慣性脱臼になりやすいことが知られているので、日中は右腕を肩より上に持ち上げないようにしていたし、寝ているときもそれなりに注意していた。

だが、その夜は暖房がききすぎて、体動が激しかったことが肩関節脱臼を惹起《じやつき》させたのかもしれなかった。激痛を堪えて、タクシーでようやく慶應病院の救急外来に行くと、出てきたのが同級生のA君だった。

「ああ、こんなの大したことはないよ、俺にまかせろ！　すぐに入れてやるよ」

というA君の大声を聞いて、彼で大丈夫だろうか、と急に不安になってきて、整形外科医になっている柔道部の何人かの先輩の名前を挙げて、もし、いたら呼んでほしいと喚《わめ》いたらしい。同級生というだけで自分と同じくまだ未熟だと思ってしまったのだろう。

結局、先輩が来てくれて、全身麻酔下で整復してもらったのだが、今でも思い出す度に、A君には申し訳ないことをしてしまったと後悔している。そのときはギプス固定をしないで、包帯での固定ですませたが、無様な恰好での結納になってしまったことには変わりなかった。

実はこれより前に肩関節脱臼にまつわるもう一つの「しまった！」がある。

医者になって二年目の冬に、蔵王で行われた普通部（慶應義塾では男子だけの中学を普通部、男女共学の中学を中等部と呼んでいる）のスキーの合宿に付き添いの医者として参加した初日に、ゲレンデで滑っているとき、ストックが藪に突き刺さって抜けなくなった途端に、右肩関節が脱臼してしまったのである。すぐに近くの診療所で全身麻酔下で整復をしてもらい、ギプス固定となった。

幸い合宿中は何人かの生徒が風邪を引いた程度で、大したことがなくてすんだが、付き添いの医者がスキーにうつつをぬかして、こともあろうに肩関節を脱臼して、ギプス固定という前代未聞の醜態をさらしてしまったのである。「しまった！」を百連発しても追いつかない無様な有様だった。

東京に戻って医局長から大目玉を食らったのは当然だった。このときの肩関節のギプス固定が不充分だったことが後々の習慣性脱臼につながったことになり、まさに天罰覿面《てきめん》だったのである。

二日連続して講習会をすっぽかす

忘れられない「しまった！」の二連発がある。それは、二日連続して医師会の講習会をすっぽかすという醜態をさらしてしまったことである。

母校の先輩のS先生には、年に何度か心臓超音波の特別講義に来てもらっていた。S先生が講義を終えて私の部屋でひと息入れてもらったあと、たいていは先生の車に便乗して、早めに帰宅することにしていた。そして、途中で都心の青山墓地の近くにある「銀座ウエスト」という喫茶店に寄って、先生と一緒にケーキを食べながらコーヒーを飲むことにしていた。そこから歩いてすぐのところに地下鉄千代田線の乃木坂の駅があるので帰宅するのに便利だった。

実は、その日の夜に府中医師会の心電図の講習会の予定が入っていたのだが、それをすっかり忘れて、S先生と一緒に病院を出てしまったのである。そして、いつものように「銀座ウエスト」でケーキを食べながらコーヒーを飲んでいると、ウェイトレスが、「イシカワ様、イシカワ様、いらっしゃいますでしょうか?」

と言っている声が聞こえてきた。そのとき、すぐに自分かもしれないと思って、それに答えていれば何事もなくすんだのに、

「イシカワっていう名前、結構、ポピュラーなんだなあ」

と言って、その呼び出しに応じなかった。実はそれは家内からの電話だったのであ

る。

その日の講習会を企画していた医療機器メーカーの担当者が大学に私を迎えに行ったところ、部屋にいないので、もしかしたら講習会があるのを忘れて帰宅してしまったのではないかと、私の自宅に電話をしたのである。家内はその日、S先生が講義で大学に来ることを私から聞いて知っていたので、もしかしたら「銀座ウエスト」にいるかもしれないと思って電話をしてきたのである。家内はS先生と私の容貌をウェイトレスに説明したのだが、

「そのようなお方はいらっしゃるのですが、お返事がございません」

ということで終わってしまった。その日の講習会は医局員の一人が代行してくれたので、かろうじて穴を開けないですんだが、大失策だった。

これには深く反省したはずなのに、翌日は地元の松戸市医師会の産婦人科医の集会で講演することになっていたのを、またしてもすっかり忘れてすっぽかしてしまった。当時、医師会長をしていた家内の従兄弟から講演を頼まれていて、何日か前にも電話で「よろしく」と言われていたのである。それなのに、講演会があることをすっかり

忘れてしまい、家に帰ってそれと気づいて連絡を入れたときには、予定時刻を一時間近くも過ぎていた。

結局、講師急病のためという理由で講演会は中止ということになった。このときも、「しまった！」の連呼のし通しだった。どうしてそんなことになったのかと、いくら考えてもわからなかった。もちろん、何日も前から講演会の準備をしていた。それなのに当日の夕方、大学を出るときには講演会のことがすっぽり頭から抜け落ちていたのである。

その大失策が教訓になって、予定表の確認を徹底するようになった。もし今、そんな「しまった！」の大失態をしようものなら、それこそ、たちどころに認知症の大きなレッテルを貼られるに決まっている。恐ろしい「しまった！」だった。

喜寿を前に、五十年の運転歴にピリオド

――人に危害を加えずにすんだ幸い

車と相性がとことん悪いまま、喜寿を前にハンドルとオサラバした。車の運転免許を取得したのは医者になってからのことで、確か二十八歳のときだった。そうなると、かれこれ五十年の運転歴があったことになる。しかし、振り返ってみると、つくづく車とは相性がよくなかったことがわかる。

クラスメートの多くは学生時代に免許をとって、早くから車を乗り回していたが、私は車にはまるで興味がなかった。それでもアメリカへ留学したいという希望があったので、いつかは免許をとらなくてはと思いつつも、のびのびになっていた。

留学が現実味を帯びはじめたころに、ようやく重い腰をあげて自動車教習所へ通う

ことにした。私が通った赤坂自動車教習所はもうとっくに姿を消してしまったが、東京メトロ千代田線の赤坂駅の前あたりにあった。この自動車教習所は自宅から歩いて十分、信濃町の慶應義塾大学付属病院からもタクシーで十分くらいのところにあったので、通うのには便利だった。

だがこの教習所は、どうやら家からも病院からも鬼門の方向にあったのではないかと思われるほど私に辛く当たった。家の者に予約をとってもらい、病院をこっそり抜け出しての教習所通いが六ヶ月近くも続いて、ようやく免許を手にしたのだが、教習所での悪戦苦闘がトラウマになって、ますます車との相性が悪くなったように思う。

アメリカ留学が決まってからは、周囲の者たちがこのままではアメリカへ行って車を運転するなどは、到底無理だとみて、私を特訓してくれた。中でも、学生時代に自動車部に所属していた後輩は、東京と山中湖の間を私に運転させ、助手席に座って懇切丁寧に指導してくれたのだが、ハンドルを握る私は決死の思いだったし、助手席の後輩はそれ以上だったであろう。

また、義妹は松戸にある八柱霊園の中で、こまかな運転技術を教えてくれた。これらの特訓のおかげでアメリカに行っても何とか運転できそうな気持ちになった。それに、留学先に決まったジョージタウン大学がある首都ワシントンは、こぢんまりした政治都市で、東京より車の混雑は少ないと聞いていたので、車の運転は楽に違いないと思っていたし、実際、その通りだった。

国際運転免許証を持って渡米したが、長期滞在者にはアメリカの運転免許証が必要だった。筆記試験は一度でパスしたが、路上での実地試験は案の定、一度失敗したが二度目にパスした。私にしてみれば、一度の失敗ですんだのだから上々だった。

住居は経済面と安全面からワシントンに隣接するメリーランド州のシルバー・スプリング地区内の集合住宅（日本でいうマンション）に決めたので、大学に通うのも、スーパーに買い物に出かけるにも車がなくてはどうにもならなかった。当時、日本を出国するとき持ち出せる外貨はごく限られていたので、新車を買うことなど思いもよらず、格安の中古車がせいぜいだった。

留学先ではトラブル満載の車を購入

研究室のエンジニアの紹介で買った車はＶ８のシボレー・ベル・エアで、外観は堂々としていて、まるで新車のようにさえ見えたが、これがトラブル満載の車だった。家内が生後三ヶ月の娘を連れてくるまでの半年間に、次々にトラブルが生じて修理が必要になり、ボンネットの中が真新しい部品で置き換えられたほどだった。それらの修理に支払った金額はゆうにひと月の給与を超していて、これなら無理してでもローンで新車を買うべきだったと悔やまれてならなかった。

家内が来てからは幸い車のトラブルはほとんどなく、毎週末、遠出のドライブに出かけた。道路は空いていたし、道幅は広いし、それに私の運転が東京にいたころと比べて上達しているように家内には感じられたらしく、アメリカに来た当初、バックミラーに映る恐怖で引きつっていた家内の顔が少しずつだが緩んできた、ように思えた。

家内が来た年の夏、義母が日本から訪ねてきたので、バケーションをとってナイアガラへ行った。途中、フィンガーレイクスの一つ、セネカ湖畔の静かなモーテルに一泊してから、バッファローに行き、ナイアガラの滝をアメリカ側とカナダ側の両方から見た。そして、さあ、これからどうしようかということになったとき、義母がボストンの病院に留学している甥（家内の従兄弟）のKのところへ行きたいと言い出したので急遽行くことになった。

　ところがワシントンを出るときそんな計画がなかったので、Kの住所も知らないし、勤務している病院の正確な名前すらわからなかった。しかも、その日は木曜日なので、週末にあたる翌日の午後三時ごろまでにはボストンに着いて、Kが病院にいる間に探し出さなくてはならなかった。そうと決まったからには、その日のうちにできるだけボストンに近づかねばと、真っ暗になるまで走って、途中のシラキュースで一泊した。

　翌朝、午前三時にそこを出発し、ひたすらボストンを目指して車を飛ばした。そして、午後三時少し前にボストンに着き、すぐに公衆電話のボックスに飛び込んで、電話帳の中からそれらしい病院を探し出しては片っ端から電話をかけまくり、ついにKにまで辿りついたのである。

ボストンからの帰りは、ニューヨーク、アトランティックシティ、フィラデルフィアを経てワシントンに戻ってきたのだが、今考えると、車と相性の悪い私がよくそんな大それた冒険をしたものだと不思議に思うのだが、若いということは素晴らしいもので、そんなことも成し遂げたのである。

事故を起こし、後頭部を二十針縫ったことも

だが、これが人生、最初にして最後の快挙だった。

帰国を前にしてハイウェイを走行中に、後輪のタイヤが破裂して車は林の中に突入し、大木に衝突して大破した。こんな大きな事故だったにもかかわらず、家内は額に小さな傷を受けただけですみ、二歳の娘は奇跡的に無傷だった。私は後頭部を二十針ほど縫う大怪我をしたが、それでも脳に損傷は受けず、後遺症はなかった。

帰国してから今日までの四十年、日産のセドリック、そして、シーマへと乗り継いできたが、アメリカ車で経験したようなトラブルは一度もなかった。だが、運転の拙《つたな》

さは相変わらず、というより年々酷くなり、周囲の者たち、とくに二人の娘からは運転しないようにと警告されることが日常的になった。そんな矢先に車と車の接触事故を起こしてしまった。幸い双方に怪我はなく、車の破損だけですんだが、これを天啓と受け止めて車の運転をしないことにした。これで相性の悪い車と縁が切れ、もう自分で車を運転して、人に危害を与えずにすむと思うと、晴れ晴れとした気分になった。

それにしても、五十年にわたる車との相性の悪さは酷いものだったと、つくづくそう思っている。

大成功だった「過去への旅」

——六十年ぶりに疎開先を訪ねて

長い間、気になっていたことが、ちょっとしたことがきっかけで、一挙に解決したというようなことは、これまでに何度となく経験してきたことだが、その中でも特大の快事があった。それは次姉と私が疎開でお世話になった人の家を十年ほど前に六十年ぶりに訪ねることができたことである。

私の家は終戦前、東京の牛込区（現・新宿区）山吹町で質屋と貴金属商をしていた。それは東京がいつ何時空襲されるかわからないという緊迫した空気が漂っていた昭和十九年の春のことだった。同じ町内のカステラ屋のMさんの子供が千葉県香取郡（現・香取市）の八都《やつ》村《むら》にある親戚のところに疎開することになり、それに便乗して次姉と私も疎開させてもらうことになった。

父の実家は長野、母の実家は新潟であり、戦時中のことなので、東京との行き来はそう簡単なものではなかったのであろう。そこでいつでも会いに行ける、東京からそう遠くないところに子供たちを疎開させたいと八方手をつくして探していたという当時の状況を母から聞いたことがある。

幸いにも疎開先のＹ家が快く引き受けてくれたので、次姉と一緒に八都村仁良《にら》（現・香取市仁良）という山村に疎開することができた。当時私は小学三年生、姉は四年生だった。お世話になったＹ家には私と同学年の一人娘のＭ江さんがいた。そこにＭ家の子供二人と私たち二人が加わったので、Ｙ家では一度に子供が五人に増えてしまったのである。さぞかし大変であったろうと思う。Ｙ家で一年近くお世話になったあと、父の実家の長野県の松本から奥に入った南安曇《みなみあづみ》郡梓村（現・松本市梓川梓・梓川上野）に移り、そこで終戦を迎えた。

終戦直後に一度だけＹ家を訪ねたことがあったが、その後はまったく行き来が途絶えてしまった。そして、結婚して千葉県松戸市に住むことになってから三十余年が過ぎた。同じ県内のことでもあり、幾度となくＹ家を訪ねたいと思ったが、探し当てられるかどうかはまったくの疑問であった。かすかに記憶している「やつ村にら」という地名が、本当にそこの地名なのかどうかの確証もなかった。何度か地図で調べたことがあるが、そのような地名は載っていなかった。でも、「香取郡」と口に出して言うと、ごく自然に「やつ村にら」という地名があとに続いて出てくることから、疎開した先はそこに違いないとは思っていた。はっきりした住所もわからず、かろうじて「Ｙ」という苗字であることくらいしか記憶になかった。

　そんな状態だったので、Ｙ家を訪ねてみたいと思ってはみても、まあ、無理だろうということで諦めていた。それに、在職中はいつも時間に追われての生活を続けていたので、遠い昔の自分の足跡を探し出そうという気分の盛り上がりにも欠けていたし、そのために時間を割く余裕もなかったのも事実である。それでも心の片隅にはいつか訪ねてみたいという思いが微かながら残存していたのである。

定年退職で時間ができ、実行に移す

定年退職してやっと時間にゆとりが出てきたことから、それまでできなかったことを一つひとつ実行するようにしたことも、「過去への旅」へ挑戦する引き金になっていたのだと思う。それも、ほんのちょっとしたことがきっかけになって実現したのである。

ある日、銚子の海から昇る荘厳な日の出の光景を偶然テレビで見て、何としてもその景色をこの目で見たいと思った。そこで、銚子に住んでいる家内の親戚に頼んで恰好の旅館を探してもらった。

旅館に着いた日の夜は、ほぼ満月に近い見事な月が穏やかな海面に一条の銀色の光の帯を流していた。また、近くの浜辺に面したホテルから海に向かって橙色の照明が当てられ、幾重にも連なって打ち寄せてくる波を優しい色合いに染めて、幽玄の世界を醸し出していた。翌朝、四時ごろから窓辺の椅子に座り、真っ黒な海を眺めていた。

夜明けに向かって少しずつ明るくなっていく水平線を見つめていると、ふと、今は亡き岸洋子さんの『夜明けの歌』が思い出されて胸が詰まった。

そうこうしているうちに、水平線のかなたに広がる連山のような雲の一ヶ所から、燦然たる黄金色の日の光が射し始めた。そのときの情景は、到底筆舌に尽くせるものではなく、感動のあまり、やたらと涙が出てきた。傍《かたわ》らで見ていた家内の顔も黄金色に染まり、やはり目に涙を浮かべていた。このような感動に満ちあふれた瞬間をもう長い間味わったことがなかった。

帰路をどうするかと地図を広げて話し合っているとき、小見川《おみがわ》の近くを通るコースが混まないのではないかということになった。そして、そのコースで帰ることになったとき、それなら思いきってＹ家を探して訪ねてみてはどうかと家内が提案したが、住所も名前もはっきりしていない家を探すなど、まるで雲をつかむようなことで、正直、私は気が乗らなかった。それでも駄目でもともとということになり、とりあえずＪＲ小見川駅を目指した。そして、駅前に立って何か感じるものがないかどうかと試みてみたが、六十年も前の昔のことがテレビドラマの回想シーンのように、思い出されてくるようなことにはならなかった。

タクシーの運転手さんに導かれるように

「タクシーの運転手さんに訊いてみたら？」

と家内に言われ、無駄だろうとは思ったが、そのほかになす術《すべ》がなかったので、駅前に駐車していたタクシーの運転手さんの一人に「やつ村にら」という地名を知らないかどうかたずねてみた。すると、

「ああ、知っているよ。仁良出身の人が事務所にいるよ」

という返事が返ってきた。まさに驚天動地の思いだった。その運転手さんは客でもない私たちをわざわざ事務所まで案内してくれて、無線で車の手配を担当している仁良出身の初老の男性事務職員に引き合わせてくれた。その人から「やつ村にら」が「八都村仁良」であること、そして、山田町仁良になっていることを知った。八都村が山田町になったので、地図で見つからなかったのは当然であった。

車の手配を担当しているその人は、住民の名前が表示されている仁良周辺の業務用の詳細な地図を広げて見せてくれた。そこに八都小学校があった。八都村という地名は消えたが、八都という名称は八都小学校として残っていた。

小学校周辺の地形はかなり鮮明に私の記憶にあった。小学校の脇の坂を上っていくと平らな道になり、そこをしばらく行くと、道は右に曲がっていて、その曲がり角の家がＹ家で、家のまわりには竹林があって……と地図を目で追っていくと、八都小学校の道は右に曲がっていて、その角の家は「Ｙ」と記されていた。まるで夢を見ているような思いであった。

私たちはタクシー会社の人たちに礼を述べ、描いてもらった地図を見ながら山田町仁良を目指した。小見川駅からそう遠くないと思っていたが、八都小学校に辿りつくまで車で二十分以上もかかった。駅からは到底歩けるような距離ではないと思ったが、あのころはバスも通っていなかったので、歩くよりしかたがなかったのである。小学校に着くまでの何ヶ所かの景色にはおぼろげながら見覚えがあった。

やっと辿りついた八都小学校は、当然のことながら当時のような木造ではなく、立派な現代的な建物になっていたが、木々に囲まれた雰囲気から、かろうじて昔の面影を感じ取ることができた。そして、小学校の脇には頭で描いていたような坂道があった。はやる気持ちを抑えて車でその坂道を上っていくと、やがて平らな道になり、そして道は右に曲がっていて、その曲がり角には家があった。間違いなくその曲がり角の家は「Ｙ」さんの家であった。

玄関の脇のベルを何度か押しても返事がなかったが、留守にしているようにも見えなかった。そこで、玄関のガラス戸を横に引いてみるとガラガラと簡単に開いた。

「ごめんくださーい！」

私の馬鹿でかい声が終わるか終わらないうちに、一人の色白の初老の婦人が、

「はーい！」

と言いながら出てきた。そして、私が、

「Ｍ江さんですか」

とたずねる前に、

「あら、恭三さんじゃあないですかあ」

とにこにこ笑いながら、

「まあ、まあ、本当によく訪ねてきてくれましたねえ」

と、全身でうれしさを表現してくれた。私の顔はテレビで見てよく知っていたので、ひと目見てすぐに私だとわかったのだそうだ。

M江さんの両親は亡くなって久しく、ご主人も五年前に亡くなり、一人息子は千葉市で人材派遣会社を経営しているとのことであった。M江さんは一人娘であったので婿養子を迎え、家を守ってきたのである。今や悠々自適の生活の中で、陶器を焼いたり、絵を描いたりして優雅な時間を過ごしているようだった。

こうして、六十年前の昔への「過去の旅」は、大成功のうちに終わったのである。

「運・鈍・根」でドリームズ・カム・トゥルー

――三つの要素が私の人生を支えた

人生の頂上近くまで登ってきて、ほっとひと息ついて、来《こ》し方《かた》を見下ろしてみると、これといった取り柄のない非力な私がよくもまあ、ここまで無事に来られたものだと、人生の試練の場になったさまざまな場景を思い浮かべながら、じっくりと噛みしめている。ここまでの道はなだらかな道ばかりではなく、胸突《むなつ》き八丁の坂道あり、鎖場《くさりば》あり、がけ崩れの恐れのある道ありの険しい道がいくつもあった。それでも何とかそこを通り抜けてここまで辿りつくことができたのは、「運・鈍・根」があったからではないかと思う。

私が出会った幸運は数えきれないほどあるが、中でもその後の人生の行き先に決定的な影響を及ぼしたいくつかの出来事を、もしそれと出会わなかったらどうなったであろうかと、あれこれ想像しながら、思い出すことがある。今ここですぐに頭に浮かんでくる幸運が三つある。

おだてられて摑んだ高校進学

その第一の幸運は高校への進学に関わるものである。私は中学・高校とつながっている都内の私立学校に入学した。この学校は今では著名な大学への進学率が高い学校として有名だが、当時はごく普通の学校だった。高校へ進学する際に、多くの優秀な生徒がほかの高校へ転校していった。自惚れ屋の私も都立高校への受験を考えていたのだが、担任の教師と母が面談した結果、私は残留することになった。その際学校は、放課後、図書室係になることを条件に、授業料免除を申し出てくれたのである。

　このことは、すでに夫を亡くしていた母にとっては経済的に助かることもあったが、それにもまして、息子をそれほどまでに高く評価してくれていることに感動して、私に有無を言わせず残留を決定したのである。

高校へ進学した私は、放課後に下校時間まで図書室で本の貸し出しや整理などの仕事をしたが、ほとんどの時間は机に向かって勉強することができた。毎日このように勉強ずくめで図書室で過ごしていれば、私のような愚鈍な者でも、学校の成績が上がらないほうがおかしい。成績が急上昇して、自惚れ屋の私は自分もそんなに捨てたものではないと思うようになり、学校も三年間毎年私に優等生の免状を出してくれた。そうなると、傍《はた》からは高嶺の花と思われているようなことでも、思いっきり背伸びをして手を伸ばせば、何とか届くかもしれないと思えてきたのだから不思議である。

そして、私は志望した大学に合格して医者になれた。もし、秀才揃いの都立高校へ進学していたら、劣等感に苛まれ、多分、医者にはなれなかっただろうと思う。まさに、「豚もおだてりゃ木に登る」で摑み取った幸運だった。

第二の幸運は結婚だった。医学部を卒業して、インターンを終え、国家試験に合格して医者になってから大学院へ進んだ。大学院生なので、当然有給助手になれず、収入は個人病院の宿直のアルバイトで多少の小遣い稼ぎをする程度であり、到底独立して生活できる状態ではなく、親の丸がかえでの生活だった。大学院を修了して学位をとっても、大学に残るかぎり無給助手であり、親の脛《すね》をかじっての生活が続くことになるので、正直、結婚など眼中になかった。なかなか結婚しそうにない私を見て、母親はやきもきしていくつもの縁談話を持ち込んできたが、なかなかその気になれずにいた。

　そんなとき、たまたま親族の重鎮から縁談話が来て、それなら見合いだけでもという話になり、見合いをし、そして、結婚することになった。どこが気に入ったというよりは、この人とならうまくやっていけそうだと直感で判断したのである。家内もそんな感じで結婚を承諾したとのことだった。家内は両親が医者の三人姉妹の長女で、のんびりとした明るい性格で、家庭的な雰囲気とその容《かたち》があった。家内の友人が披露宴の祝辞で「もらい得です」と言ったのが印象的だったが、今ではその通りだと思っている。運を呼び込み、禍《わざわい》を福に転じてくれたことが何度もあった。

PR誌を偶然取り上げた縁で大学の専任講師に

第三の運はまったくの偶然から生まれたものである。留学先のアメリカから帰ってすぐに、神奈川県の病院へ出向していたときに起きたことである。

大学で教職のポジションを得て研究を続行したいという夢があったが、当時の状況ではその夢を実現するのは至難のことだった。母校では優秀な先輩たちが主要なポストを占めていて、その中に入り込む余地など一ミリもなかった。ほかの大学の事情については知るべくもなかったが、多分同じような状況だろうと考えていた。大学で教職について研究をしたいという願いが消えたわけではなかったが、日々の診療に追われて脳裏の片隅に押しやられることが多くなっていた。

そんなある日、病棟での診療が終わって、医局のソファーに座ってひと息ついているとき、目の前のテーブルに乱雑に置かれていた製薬会社のMR（製薬企業の営業担当者。当時はプロパーと呼ばれていた）が置いていったPR誌の一つを取り上げて、パラパラとめくってみた。このようなＰＲ誌に手を出すことなど滅多にないのだが、そのときはなぜかその中の一つを取り上げたのである。そこに、新設されたばかりでまだ卒業生を出していない杏林大学医学部の紹介記事が載っていた。

循環器部門にどのようなスタッフがいるのかと目を向けると、そこには一人の助教授の名前しかなかった。そのとき頭に閃《ひらめ》いたのは、まだ循環器部門のスタッフに空きがあるかもしれないということだった。もしそうだとしても、どのように大学にアプローチしたらいいのかが思いつかないままに、ほかの部門のスタッフを目で追ってみると、何と外科学教室のスタッフの中に同級生の名前があったのである。

そこで、すぐにその同級生に電話をして事情を話したところ、理事長に紹介するから大学に訪ねて来いということになった。そこから先は、とんとん拍子に話が進んで、専任講師として採用されることが決まったのである。あのとき、医局のテーブルの上のあのＰＲ誌を偶然取り上げたことがその後の私の運命の矛先を決定づけたのである。

私の愚鈍な性格が逆境を乗り越えるうえで大いに役立った。子供のころから、よく我慢していられるなと呆れられるような劣悪な環境にあっても、自分ではそれほど辛いとも感じないで平気でいられたように思う。自分ではどうしようもない不運な出来事に対しては、どうあがいてもどうにもならないことを本能的にキャッチして、最も傷つかない無難な身の処し方を子供ながらにできるようになっていたからかもしれない。こんな小賢しいことが平気でできるようになったのは、終戦後の厳しい経済的、社会的な家庭環境に対しての保身的な順応であったのだろうが、それを可能にした根底には、そうすることがそれほど辛いものとは受け取らない生来の愚鈍さがあったのだと思う。

この生来の愚鈍さが成人になってからも身を守る強力な武器になった。八方塞がりになって、将棋でいうならいつ投了してもおかしくない厳しい状況下にあっても、まだ活路があるのではないかとしぶとく粘って、難局を切り抜けたことが何度となくあった。

私は一度やると決めると、よほどのことがないかぎり延々とやり続ける根性だけは人一倍あると自負している。

心電図波形の詳細な計測を拡大鏡を使って目で行い、得られた計測データを手で検査票に記入するという作業をした。一人の被検者から得られる心電図は二十四枚でそれぞれの波形の計測をするのに少なくとも三時間近くかかった。それをコンピューターですれば、多分、五分とかからなかっただろうと思う。母校から出向となった神奈川県の当時の病院には、コンピューターはおろか、研究設備と呼べるものはまるでなかった。日本全国でも、心電図波形のコンピューター分析が可能な大学はまだ数えるほどでしかなかった。

私は健常者三百人の心電図波形を計測することを目標にした。一人に三日かければ三年以内に目標に達すると考えた。幸いにも、病院の裏の官舎に住んでいたので通勤時間ゼロ分であり、朝五時から自宅で計測すれば必ず目標に到達すると確信した。コンピューターを使えば二、三週間もしないで完成する計測を三年近くかける計画を立てて実行したのは、愚鈍な性格と偏屈ともいえる根性だった。そして三年も経たずに三百人の正常者の心電図波形の計測を終了し、そのデータを分析して、世界的に権威のあるアメリカの循環器専門誌「American Heart Journal」に投稿して採用されたのである。

私の根気強さは、長年続いているスポーツジム通い、ベジタリアンに近い食生活、稚拙を承知で続けている執筆、今なおしている語学の勉強、早寝早起きの習慣などに今も細々ながら息づいている。

こうして振り返ってみると、私の人生はまさに「運・鈍・根」が鼎《かなえ》となって支えてくれたのだと思われてくる。

年をとってからの苦労は金を払ってでもするな

――恩讐の彼方に浮かぶさまざまな喜怒哀楽

これまで長く生きてきて、恩讐の彼方にさまざまな喜怒哀楽の景色が陽炎《かげろう》のように思い浮かんでくることがある。あのときのことは絶対に忘れない、と自分に言い聞かせてきたものがいくつもある。

うれしかったこと、悲しかったこと、辛かったこと、悔しかったこと、怒りを覚えたことなど、さまざまな激情が沸き上がって胸がつぶれそうになったことばかりだが、この年になってそれらを思い浮かべると、そんなこともあったなあ、と平穏な気持ちでそれらと向かい合うことができる。そして、それらの何もかもがいい肥やしになって今の自分があると思えてくる。あんなに楽しいことがあったんだから、その代償にこのくらいのことは我慢しなくてはとか、あのときの辛かったことと比べたら、こんなのは大したことではない、などと思うことにして、難しい局面を乗り越えてきたことがこれまでに何度もあった。

厳しい状況を耐え抜いた経験を通して身につけた知恵は、体内に侵入してきた病原菌やウイルスに対抗して作られる抗体のようなものである。このような抗体を持っている人は不遇な状況の中にあっても、逞しく生き抜いていくことができる。

ベストではなくても、ベターな解決法で乗りきる

若いころの苦労は買ってでもしろ、と言われているが、その真意がわかるようになるのは相当な年月が経ってからである。あのときの苦労があったからこそ今の自分があるのだと真に思えるようになるのは老齢になってからかもしれない。

若いころは、四方八方から実にさまざまな苦労が投げつけられてきたので、わざわざ自分から買いに出る必要などなかった。愚鈍な私には、苦労をうまくかわす才知も

巧みに処理する術《すべ》にも長《た》けていなかったので、それらをもろに受け入れ、ただただ全力で取り組むしか手はなかった。そんな苦労をどう乗りきったのかなどの詳細はいちいち覚えてはいないが、それなりに何とか収めてきたところをみると、その都度、ベストではなくても、ベターの解決法で乗りきってきたという自負はある。

とはいえ、私がしてきた苦労など苦労のうちにも入らないと思わせるような、想像を絶する過酷な苦労の数々を、長年にわたり患者さんとの話を通して聞いてきた。多くの苦労を経験してきた歴戦錬磨の高齢の苦労人は、私が知るかぎり、まわりの人の面倒見がよく、優しい人柄の明るい人がほとんどである。

大学病院に勤務していたときのこと、何人かの若い医者が当直でもないのにいつも深夜まで医局に残っていて、病棟や救急外来や救命救急センターの当直医からの手助け依頼の電話を待っていた。そして電話がかかってくると、一斉に飛び出して行って当直医の指揮下で治療の手助けをするのである。彼らは「若いころの苦労は買ってでもしろ」をそのまま実践していたのである。

このようにして日々、苦労を買って出て医療に従事していれば否応《いやおう》なしに実力がつくのは自明である。そんな彼らは今、日本の各地で責任ある立場で臨床医として活躍していて、年に一度の同門会で往時の姿を偲ばせ私を喜ばせてくれている。

ここに至っては、安楽こそが必要

若者に苦労を勧めておきながら、その一方で、「年をとってからの苦労は金を払ってでもするな」などと口にするのは、年寄りの身勝手だと非難されるかもしれないが、これが今の私の偽らざる気持ちなのである。高齢者はこれまでに散々苦労を重ねてきたので、心も体も苦労の残渣《ざんさ》で飽和状態になっている。もうここに至っては、安楽こそが必要であり、苦労は若い人に金を払ってでも肩代わりをしてもらうのがいいと思っている。

それなら仕事はどうなのかと言えば、仕事が辛くて苦労に感じるようなら、仕事をしないですむ方法を極力考えるべきだと思う。だが私のように仕事をするのが楽しくて、苦労などとは思わないというのなら、もちろん仕事は続けるべきである。

私は八十四歳になった今も週に二日、午後に、小一時間かけて電車とバスを乗り継いで病院へ行き、循環器専門外来を担当させてもらっている。ウィークデイの午後でもあり、電車もバスもガラガラで、本を読むことも車窓から郊外ののんびりとした光景も楽しめる。外来では私とそう年齢に差がない顔馴染みの患者さんと雑談を交わしながら医者の務めを果たす充実感を存分に堪能させてもらっている。

もう苦労は真っ平御免だと思いながらも、まだ苦労が足りない、と言われていたころのことが懐かしく思い出される。

第三章

身近な人とのコミュニケーション術

向こう三軒両隣、ご近所の心意気

——助けられたり、助けたり

古くからの住宅街は高齢者だけが取り残されて、まるで映画で見るゴーストタウンのように閑散としている。若いころは近くを散策していると、路地のあちこちで子供たちが賑やかな声を発しながら、飛び回っている姿を見かけたものだが、今や、ときには猫がのんびりと目の前を横切るのを目にすることはあっても、人影を見ることは滅多にない。近所を見渡しても、高齢者だけの家がほとんどである。それでも家の前の道が近くの小学校、中学校の通学路になっているので、朝夕、子供たちの姿を見ることができて、目の保養になっている。

心強い助け合いのネットワーク

近所付き合いの中で、子供の存在は大きい。子供を介しての行き来が近隣との親しさを深めていたが、今はもう、その親善大使役の子供がいない。昔も今も近所付き合いを担う主要な人物は主婦である。主婦の外交的手腕によって、近所付き合いが円満に行われている面は極めて大きい。

「とんとん　とんからりんと　隣組」の歌い出しの歌謡曲『隣組』（作詞＝岡本一平、作曲＝飯田信夫）を知っている人はもうあまりいないかもしれないが、今でも近所付き合いに必要なことがこの歌の中に凝縮されている。

とんとん　とんからりと　隣組
格子《こうし》を開ければ　顔なじみ
廻して頂戴　回覧板

知らせられたり　知らせたり

とんとん　とんからりと　隣組
あれこれ面倒　味噌醤油
御飯の炊き方　垣根越し
教えられたり　教えたり

とんとん　とんからりと　隣組
地震や雷　火事どろぼう
互いに役立つ　用心棒
助けられたり　助けたり

とんとん　とんからりと　隣組
何軒あろうと　一所帯

こころは一つの　屋根の月
纏められたり　纏めたり

この歌謡曲から当時の長閑《のどか》な庶民生活の一面を窺《うかが》い知ることができると同時に、もっと緊密な近所付き合いの必要性を啓発する意味合いも含まれているように感じられる。

この「とんとん　とんからりと　隣組」のような近所付き合いは、若い人の間では敬遠されるだろうが、今の超高齢社会には必要ではないだろうか。まわりを見渡してみると、高齢者が一人で住んでいる家があちこちにある。近所付き合いがうまくいっているところでは、助け合いのネットワークができていて、何かと面倒を見合っている。直接会って様子を確かめる以外にも、いつも何かと観察の目が行き届いている。

「何日か前に風邪を引いたと言っていたけど、今日は、洗濯物が干してあるくらいだから元気になったんじゃないかしらねえ」

「昨日は顔を見てないんで、今日はお昼に何か作って様子を見てくるわ」

「娘さんの車が駐《と》めてあるから、今夜はこっちに泊まるか、連れて帰るんじゃないかしらね」
「さっき、庭の掃除をしていて、いつもと変わったところはなさそうだったな」
「お孫さんたちが交代で泊まりにくるようになったらしいんで、これでひと安心だわ」
「突然、わけのわからないことを口にして、いつもと様子が違うんで、娘さんに連絡したほうがいいかもしれないわねえ」

ひとまず、少し遠くにいる人たちと親交を

一方、こうした近所付き合いのネットワークができていないところで、一人住まいをしている高齢者は、陸の孤島に一人置き去りにされたように、周囲の人たちからは忘れられた存在になっている。このような状況をしかたがないとして、孤立した生活を続けていれば、身体面、精神面、栄養面、衛生面など、さまざまな面で生活の質が

低下し、やがては生命を脅《おびや》かすことにもなりかねない。

近隣の人たちとうまくいかないなら、ひとまず少し遠くにいる人たちと親交を結べばいい。とにかく家に閉じこもってばかりでいないで、外に出る機会を作ることである。

もし、高齢者を対象にした、太極拳、グラウンドゴルフ、ダンス、水泳、ラジオ体操、ウォーキング、などの同好会があれば、ものは試しで参加してみることである。また、近くにスポーツジムがあれば入会することも一考に値《あたい》する。施設によってサービスの内容は異なるが、通常のジムには、ランニングマシーンや筋トレ用のマシーンがあるエリア、エアロビクス・太極拳・ダンス・ヨガ・ストレッチなどのさまざまな室内のレッスンが行われるエリア、プール、大きな浴場、サウナ、ジャクジーなどがある。運動などしたことがない人でも、スタッフと相談して自分に合った運動を選んで、好きな時間に好きなだけすればいい。中には、入浴することを目的に毎日来ている人もいる。

ウィークデイの午前中は俄然高齢者が多いので、若い人に気を遣うことなく過ごすことができる。高齢者同士という気楽さもあって、互いに言葉を交わすようになり、女性の間では旅行の土産物や果物や惣菜などのやり取りをしたり、食事やお茶を誘い合ったりして、交際を深めている人もいるし、男性の間では、ゴルフや飲みに出かけたりしている人もいる。スポーツジムは高齢者の社交の場にもなっているのである。

同好会にしろ、スポーツジムにしろ、家から離れたところで社交の場を拡げると、自然と明るい雰囲気が醸し出されてくるので、近所の人との接触も以前よりスムースになることも容易に想像できる。実際、そのようになったという人の話をよく耳にする。これは、遠交近攻（遠くと交わって近くを攻めるという『史記』に見られる戦略）ではなく、遠交近交（遠くと交わって、近くと交わる）という新しい戦略である。「とんとん　とんからりと　隣組」の心意気で、向こう三軒両隣と向き合うことの大切さをあらためて考えてみる必要があるのではないだろうか。

福は外、鬼は内

——三密を避けて、人との交流を積極的に

中国・武漢発生の新型コロナウイルスCOVID－19によるパンデミックの感染により、死亡した人は世界各国で想像を絶する膨大な数に達し、そして、世界経済は古今未曾有の危機に陥った。その中で我が国は、最悪の事態には至らずに何とか持ちこたえることができているが、それでもコロナ被害から完全に回復復帰するまでには、これからもなお相当な年月が必要になると思われる。

コロナウイルスの感染リスクを回避する意識から、日常生活の姿勢が大きく変化したのではないだろうか。人混みの中や、密接して話をするときにはマスクをするのが当たり前になり、そのようにしていない人がいると警戒の目を向けるようになった。

また、外出するときには、必要に応じていつでもマスクを取り出せるようにして、予備のマスクも用意しておくことが身についた。

外出しようと考えると、もしかするとコロナウイルスに感染するのではないかという不安が決まって浮上してきて、外出する意欲にブレーキがかかることが今では日常的である。コロナウイルスは驚異的な感染力があり、高齢者の重症化率・致死率が極めて高いので、自分が罹患した場合には、個人的な問題としてばかりではなく、医者としての立場から重く受けとめなくてはならないと覚悟している。

万一、コロナウイルスに感染した場合には、病院で診察した患者さんや身近に接したスタッフにＰＣＲ検査が施行され、陽性者が出たら病院の機能は著しく制限され、場合によっては一時閉院になるかもしれない。陽性者が出なくても、病院に多大な迷惑を及ぼすことになるのは目に見えている。

また、家族全員がＰＣＲ検査を受けることになり、検査の結果次第でそれ相応の対応をすることになる。このようなことを考えると、自縄自《じじようじ》縛《ばく》になって外出を控えるようになる。実際、仕事以外で外出する機会がコロナ禍発生以前と比べて半減したのは事実であり、それに伴って、何となく気分が晴れないということが多くなっている。

コロナ禍で増える引きこもりの高齢者

感染を恐れるあまり自宅に引きこもりがちになっている高齢者が増えている。そこで懸念されるのが運動不足や社会とのコミュニケーションの低下により、うつ状態やフレイル（加齢により心身が衰えた状態で健常から要介護状態へ移行する中間の段階）に、そして認知症へと進行するリスクが高くなっていることである。そうならないためには、どうしたらよいかといろいろな調査が行われているが、興味深い疫学調査の記事（「週刊医学界新聞」二〇二〇年八月二十四日）が目にとまった。

身体活動（ウォーキングや水泳など）、文化活動（園芸や手芸など）、地域活動（ボランティアなど）のすべての活動に取り組んでいる人とそうでない人とフレイルになるリスクを比べると、身体活動はしないが文化活動と地域活動に参加している人は約二倍、身体活動はしているが文化活動も地域活動もしていない人は約六倍、そして、何も参加しない人は約十六倍であった。

中でも意外だったのは、身体活動はしているが文化活動も地域活動もしていない人は、身体活動はしないが文化活動と地域活動に参加している人よりフレイルリスクが約三倍も高いことだった。言い換えると、フレイル予防には身体活動よりも社会的活動のほうが有効であるということになる。

私の場合、文化活動はまるでしていないが、コロナ禍発生前は週三回スポーツジムで筋トレと水泳をしていたので、身体活動はしていたとして、また、週に二日だけだがまだ医者として地域の病院で働いているので地域活動をしているとすると、この疫学調査によると、すべての領域で活動している人と比べて、約一・五倍しかフレイルリスクが高くないということになる。私の例からも、社会的活動がいかにフレイルリスクを低くする効果があるかがわかる。

入院手術、寝たきり、認知症という悲劇に陥らないために

「福は内、鬼は外」というのは節分の豆まきのときの掛け声であるが、今、私が声を大にして叫びたいのは、「福は外、鬼は内」である。高齢になると、ややもすれば自然と家に引きこもりがちになる。それがコロナ禍を契機にますます顕著になっている。身近にいる人もコロナが怖いからと、高齢者に外出を抑制するように働きかけてしまう。

こんな状態を続けていると、体を自由に動かせなくなるフレイルになり、筋力が弱って転倒し、運が悪ければ骨折して、入院手術となり、それを契機に寝たきりとなり、ついには認知症へと進んでしまうという、悲劇の経過を辿ることにもなりかねない。私はこれまでにこのような患者さんを何人も診てきている。こんな悲劇に陥らないために、三密（密閉、密接、密集）を避けて、人との交流を積極的に行うべきである。

何はともあれ、家に引きこもってばかりでいないで、外に出て人と話をする算段をすることである。

「福は外、鬼は内」

きっと何かが変わってくるはずである。

「さすがですね」で心が和む

——相手との距離を自然に近づける魔法の言葉

人や物や芸術や自然などさまざまな事象の中に超絶した真価を確認したとき、心の内から湧き上がってくる感嘆を「さすがだなあ」というひと言に凝縮させて表現することがある。

そんな大層なことに向けたものではなくとも、日ごろ人と話をしていて、「さすがですね」と口にすることもよくある。これは相手の良いところを見つけたとき、自然と口をついて出てくる言葉で、今では私の口癖にもなっている。

「さすがですね。これまで頑張って続けてきたダイエットの効果がはっきりと血液の検査所見に出ていますよ」

「さすがですね。もう禁煙して三ヶ月になりますね」
「さすがですね。毎日、一万歩以上歩いているんだそうですね」

普通は、「さすがプロですね」、とか「彼、さすが苦労人だけのことはあるなあ」などと、「さすが……」の特定の理由を付け加えるのだが、そこを全体的に大まかにとらえて、「さすがですね」と言っても、それほど不自然な響きにはならない。

人から「さすがですね」と言われると、何が「さすが」なのかなどと、いちいち詮索しないで、「いや、それほどでも……」と照れながらも悪い気はしない。この「さすがですね」という表現には、相手の気持ちをふんわりと和《なご》ませるマジック効果がある。

美空ひばりの究極のプロ意識

「さすがプロは違う」と心底、そう思っている人が何人もいる。その中の一人、美空ひばりさんは一九八八年四月十一日、「不死鳥コンサート」とも呼ばれた、あの東京ドームでのコンサートで、五万人の観客を前に三十九曲を熱唱した。

　その当時の彼女は両側特発性大腿骨頭壊死《えし》症が最悪の事態にまで進行し、両脚の激痛のために、立っていられるような状態ではなく、まして舞台で動き回ることなど考えられない状態だったらしい。また、慢性肝炎から肝硬変へと病状が悪化し、全身倦怠感は相当なものだったのだと思う。

　そのうえ、特発性間質性肺炎の合併で高度な呼吸困難があったようで、普通ならまともに歌えるような状況ではなかったはずである。それなのに、脚の激痛も、だるさも、息苦しさも、すべておくびにも出さずに、最後まで彼女らしく堂々と振る舞っていた。そして、もはやこれ以上歩けるような状態ではなかったにもかかわらず、公演のエンディングで百メートルもの花道を、ファンの声援に応えてにこやかに手を振って歩ききった。

　あとになって、その日の舞台裏の状況が明らかになったのだが、会場に一番近い部屋を楽屋とし、簡易ベッドとともに医師も控えていた。また、万一の事態に備えて、裏手に救急車も待機していたようだ。何が彼女にそこまでさせたのだろうか。多くのファンの前で歌うことが何よりの生きがいだったことは間違いないだろうが、命をかけるほどのリスクを背負っての東京ドームでの公演を華麗にやり遂げたことは、究極のプロ意識があったからだと思う。ビデオに録画してある東京ドーム公演を見る度に、「さすがプロは違う」と感嘆しながらも、哀惜の念が込み上げてくる。

才能と努力、そしてマグマのような熱情

プロスキーヤーであり登山家でもある三浦雄一郎氏は、二〇一三年五月二十三日、八十歳で三度目のエベレスト登頂に成功し、エベレスト登頂の歴史で最高齢登頂者となった。三浦氏は高齢であることに加えて、高所登山には危険とされている心房細動という不整脈の治療のために、カテーテルアブレーション（心筋焼灼術）の治療を四回も受けていた。しかも、事前のトレーニングは充分とはいえなかったようだ。それでも三浦氏はエベレスト登頂にチャレンジし、それを見事に成功させたのである。

三浦氏は出発前に「登れれば一番いい。もしエベレストが自分の墓標になっても、

それ以上最高の墓標はないと思う」とコメントしていたという。なぜ三浦氏は命をかけてまでエベレスト登頂にチャレンジしたのだろうか。その問いに対しては、「そこにエベレストがあるからだ」という返事が返ってくるのかもしれない。

三浦氏とはみのもんたさんが司会をしていた『午後は○○おもいッきりテレビ』でご一緒したことがある。そのときは、エベレスト登頂に向かってダイエットとトレーニングに専念していて、脚の強化を目的に両足に重しをつけたままで出演していた。それから数年後に八十歳でエベレスト登頂という未曾有の快挙を完遂したときには、「さすがプロは違う」という尊崇の念を抱くと同時に、もう危険なチャレンジはしないでほしいと思った。

「さすがプロは違う」と思わせる人には、飛びぬけた才能と想像を絶するほどの努力の蓄積があるのだろう。そして、そのプロ意識を支えている根底には、その仕事が好きでたまらないというマグマのような熱情が存在しているのだと思う。

人のやれないことをするより、人の喜ぶことをする

――若い人の雑事を引き受けるくらいの気概を

家の中で何かちょっとしたことをしようとするときなどに、ふいに流行歌の一節が口から飛び出てくることがあるが、なぜ、その歌なのかがまるでわからない。最近、何度か口をついて出てきた歌に、「ぼろは着てても　こころの錦　どんな花よりきれいだぜ　若いときゃ　二度とない　どんとやれ　男なら　ひとのやれないことをやれ」（『いっぽんどっこの唄』歌＝水前寺清子、作詞＝星野哲郎、作曲＝安藤実親《さねちか》）がある。

昔はこの歌を口ずさむと、本当にその通りだ、自分も頑張らなくては、と思ったものだが、今では、「人のやれないことをやれ」と言われても、それはもうちょっと無

理かもしれないな、と思えてきて、おかしくもあり、また、ちょっぴり情けなくもなってしまう。

血気盛んな若いころには、あえて人のやれないことにチャレンジし、失敗を繰り返して、ようやく目的を達成して、快哉を叫んだことが何度もあったことが、未だに記憶の片隅に燦然とした光を放って残っている。人のやれないことに手を出してみたいという山っ気は今でも皆無ではないが、体力的に無理そうであったり、長期的な計画が必要な場合には、それを達成できるまでの時間が自分にはもうないという現実が私を押し留めている。今では、どうみてもやれそうにないことは初めから潔く諦め、何とかやれそうなことは積極的にやってみる、というスタンスに切り替えている。

そうは言っても、今の私にはもう、やることも、やれることもそうそうあるわけではない。週に二回の病院での外来診療、週に三回のスポーツジムでの筋トレと水泳、書斎の掃除、朝食後の食器洗い（朝食は、前日に家内が用意して冷蔵庫に入れておいてくれるのを一人で食べている）、中学生の孫娘の家庭教師、小学生高学年の孫息子とのテーブル卓球（細長いちゃぶ台にその都度簡易ネットをつけてのミニ卓球だが、これがなかなか面白いし、それに私は結構うまい）の相手、浴室の掃除（最後に入浴した場合）、コーヒー・緑茶のセルフサービス、ベッドメイクなどを当面の私の役割としている。

「ああ、それはあとでやっておくから、そのままにしておいていいですよ」などと若い人から言われると、それほど無理なことではなくても、それならと手を引いてしまうことがある。だが、高齢者が自分でできることで若い人に貴重な時間を費やさせてしまうのはいかにももったいない。むしろ、同じセリフを若い人に言って、若い人の雑事を高齢者が代わって引き受けるくらいの気概があっていい。

魂のぬくもりが伝わる人

「人のやれないことをする」のはもう無理だとしても、「人の喜ぶことをする」のはその気がありさえすれば、この先、ずうっと続けてやることができる。どうしたらその場にいる人を喜ばせることができるかが思いつかないときには、とにかく明るく振る舞うことである。とりあえずは、それだけで充分である。

「人の喜ぶことをする」のを信条にしているような人からは魂の温もりが伝わってくるように感じられる。そういう人のそばにいると、自分も何か人の喜ぶようなことをしてみようという気になってくる。私より十歳ほど年長のカトリックのシスターで、医師でもあった人はまさにそのような人だった。シスターは臨床の勉強を続けたいとの希望で、週に一度の教授回診に同行していた。私はシスターが所属する修道院の付属病院に週に一度、外来診療と入院患者さんの回診を長年にわたって担当していて、シスターが献身的に患者さんと向き合っていることにいつも感動し、その精神を自分の中に少しでも取り入れようと心がけていた。

ほめられればお世辞でもうれしい

人の喜ぶことをしたいという気持ちはいつもある。それは臨床医として五十年以上にわたって、患者さんやその家族の人たちの喜ぶ顔を見ることに幸せを感じてきたことで得られた習性のようなものだと思う。

内科学の主任教授をしていたころは、医局員をかなり厳しく指導した。当時の私は、鬼の大松《だいまつ》（大松博文氏はバレーボール全日本女子を一九六四年東京オリンピックで金メダル獲得へと導いた）ほどではないにしても、医局員たちからは恐れられていたようだった。二十年以上も前ですら、ほかの臨床科のほとんどの教授は医局員から嫌われるような厳しい指導はしていなかったので、私はまさに「人のやれないこと」をしていた異端の教授だったのである。

今も私を囲んでの同門会が年に一度開かれ、全国から多くのOBが集まってくれている。そこでの昔話の中で、あの当時、厳しく指導されたことが後々大いに役立ったなどと述懐されるのを耳にすると、それが話半分以下だと承知はしていても、あの苦言がこの人を最終的には喜ばせることにつながったと思うことで、心の中がほんのりと明るくなる。

人はほめられれば、それがお世辞だとわかっていても、悪い気はしない。ほめるほうも相手が喜んでいるのを目にするのは、たとえ喜んだふりをしている面が多分にあるにしても、幸せな気分になれる。人のいいところを見つけてほめることを心がけていると、その人のそれまで気づいていなかったいいところが目についてくる。

高齢者には、人のやれないことをするより、人の喜ぶことをするほうが、はるかに似合っていると思う。

老人の美学

——さまざまな有終の美の描き方

美しく老いたいなどと、そんな妄想を抱いてはいないが、せめて少しでも見苦しくない老い方をしたいと切に願っている。それすらも自分が思っているほど容易なことではないことも充分承知をしているが、それでも何とかしたいと心にかけている。「外相整えば内相自ずから熟す」（森田療法〔精神科医・森田正馬《まさたけ》による精神療法〕の基本的考えの一つで、外見を整えることで、気持ちが自然に前向きになっていくということ）に準じて、まずは見た目だけでも見苦しくないようにはしている。

それには、朝の洗顔時の整髪と髭剃り、毎食後と就寝前の歯磨き、毎日の入浴と下着の取り換え、自宅にいるときでも、いつ来客があってもいい服装に整える、外出するときは思いっきりおしゃれをする、背筋を伸ばし、整った姿勢を保つ、などを基本的生活スタイルにしている。これくらいでは高齢に起因する外見上の見苦しさを充分カバーすることなどできはしないが、それでも多少は見栄えよくなっているのではないかと思うことにしている。

こうして老いに薄化粧するような生活を続けることで、高齢であることがあまり気にならなくなり、しかも、もしかすると暦年齢より十歳くらい若く見えているかもしれないとか、老化の程度もそのくらいではないかなどと、能天気な気分にもなっている。しかし、加齢に伴う容貌の老化は人により多少の違いはあるものの、誰にでも見られるものであり、年は隠せないのが現実である。

恰好のいい高齢者は、立ち居振る舞いや言葉遣いに気品が漂う

それでも私のまわりには、患者さんを含めて、いかにも恰好のいい高齢者が何人も

いる。その恰好のよさは、容貌だけではなく、立ち居振る舞いや、言葉遣いの気品のよさから伝わってくるものである。

そういう人たちから感じることは、自分を巧みにコントロールしていることである。言葉を崩さない、話し相手に挑戦的な姿勢をとらずに上手に聞き役に回っている、その場にいない人を批判することはしないし、そのような話に乗らずに中立を保っている、自慢話をしない、愚痴をこぼさない、長話をしない、卑猥な話をしない、体調不良の話は極力避ける、などきめ細かな配慮がなされている。

昔は大物だったが、今はただの人であることに徹して、目立つことなく穏やかに行動している高齢者からは、人間の奥の深さがそこはかとなく感じられる。そのような人は周囲の人たちとほどよく融合し、穏やかな雰囲気を醸し出している。そして、そのような人のまわりには人が自然と集まってくる。

一方、過去の栄光から抜け出せずに、今も特別な存在であると自己主張しているような高齢者のまわりには、見えない壁があるように感じられ、近づきがたい雰囲気が漂っている。そして、事実、そのような人のまわりには人が集まってこない。ほとんどの高齢者は、昔大物、今ただの人、の深い思いがあるはずである。過去の栄光に浸るのは心地よいことであり、心の癒しにもなるので、高齢者には積極的に推奨したいほどである。だが、それはあくまでも自分の心の中の世界においてだけであり、人様の前に披瀝《ひれき》するものではない。

運転免許証の返納は考えておいたほうがいい

若いころの不始末は時間をかけてじっくりと償うことも可能だが、高齢者にはもうそんな時間は残されていない。晩節を汚すことにでもなったら、もう取り返しは至難のことになる。

昨今、高齢者が詐欺・窃盗・傷害・殺人などの刑事事件を引き起こすことが稀ならず報道されている。事件そのものの重大性は別にして、事件を惹起《じゃっき》した高齢者のこれから先の人生は、相当厳しいものになるのは間違いない。一般の高齢者がこのような事件に関与することはまずないと思われるので、そう心配する必要はないのだが、これからの全人生を奈落の底に突き落とすような出来事を引き起こす可能性が一部の高齢者にはあるのである。

それは、自動車の運転ミスによる人身事故である。高齢になればなるほど、自動車の必要性が高まってくるのは確かである。それに、加齢に伴い手足の動きが多少ぎこちなくなったとはいえ、車の運転に支障をきたすほどではないし、認知機能もしっかりしていると確信している。

だが、それはあくまでも自分でそう思っているだけで、はたして客観的に判断しても、その通りかどうかは、わからない。心の中では、そろそろ運転免許証を返納しなくてはという思いはあるものの、もうしばらくは安全に充分留意して運転すれば、まだ大丈夫だと判断する高齢者が少なくないのではないだろうか。しかし、現実にはそういう人から取り返しがつかない悲惨な人身事故が起きているのである。被害者の人生を奪い、そして、自分も奈落の底へ転落していくことになるのである。

車を運転する高齢者の数からすれば、そんな重大な人身事故を起こす確率は極めて微少であるのは確かだが、高齢ドライバー一人ひとりに、その重大な人身事故の加害者になる可能性があることは、しっかりと認識しておくべきである。

私たち高齢者には心のどこかに、そのことをはっきりと意識はしなくても、有終の美を飾りたいという願望が潜んでいるはずである。長年手がけてきた仕事を仕上げたい、立つ鳥跡を濁さずに職を辞したい、目標にしていた名誉を手にしたい、など人によりさまざまな有終の美の描き方がある。私は内科医として頭も体も使いものであるかぎり、全力で仕事をすることに有終の美を求めている。

今こそ、あなたの出番です

——自分に何ができるか、正直に自己評価してみる

高齢になればかつてのようには出番がなくなってくるのは自然の成り行きである。現役で活躍していたころは、自分では何もしなくてもまわりが出番を作ってくれることが多々あったが、高齢になり仕事の第一線から退くことになってからは、もうそのようなことはほとんどなくなった。

このようなことは、当然周知されていることとは思うが、自分の出番は自分で作らなければならないことをあらためてしっかりと自覚したほうがいい。果報は寝て待っていても、決して向こうからやっては来ない。駆けずり回って自分で探さないかぎり果報を手にすることはまずないのである。

現役の一流プロスポーツ選手でさえ、試合に出場する機会を獲得するために、また、所属する団体で席を確保しておくために、常に自分の実力をアピールしなくてはならないのが現実である。

もう自分の出る幕はない、と早々と身を引いている人がいるとしたら、本当にそうだろうかと考え直してみてはどうだろうか。今の自分は高齢であり、体力も落ち、かつてのような社会的基盤がないのは確かだが、何かをしたいという気力は充分にあるし、思考力も衰えているとは思えない、という人は大勢いると思う。そのような人にはまだまだいくらでも出番があるはずである。

自分の出番がないのは自分で本気で出番を探さないからである。探し求めているものが手に入らないことが多々あるのは事実だが、探さないものが自然に転がり込んでくる僥倖《ぎょうこう》もまたあり得ないのも本当である。これは、宝くじは買わなければ当たらないのと同じである。

今、何をしたいのか

自分の出番の可能性を見定めるうえで指針となるのは、今の自分にまだ何ができるか、もはや何ができないかの正直な自己評価である。私の場合について言うと、一般的な内科診療、とくに循環器領域の診療では五十年以上の内科医としての経験があることから、微力ながらもまだ寄与することができるが、救急医療の現場では無力に等しい。

研究の第一線から退いてもう二十年以上にもなり、もはや研究者としては化石に近い存在である。だが、三十年以上の長きにわたって、テレビ・ラジオ・講演会などを介して、高血圧・狭心症・心筋梗塞・不整脈・脳卒中・糖尿病などの生活習慣病の治療と予防について話をしてきた経験があるので、今でも拙劣ながら人様の前で話をすることができると自負している。これらを基盤にして、細々ながら自分の出番を作り出しているのが現状である。

大切なことは、できることの中で、今、何をしたいのかを決めて、その実現の可能性を楽観的にとらえてとにかく行動を起こすことである。

こんなことがあった。ようやく医科大学の内科学講師に就いて間もない四十代そこそこのとき、たまたま某週刊誌からの取材を受けた。それは健康欄に読者から届いた質問に答えるというもので、どのような質問だったかの記憶はないが、多分、狭心症か何かの徴候についての質問だったと思う。取材に来たのはフリーの若いライターで、取材を終えて部屋で雑談していたとき、一般の人でもできる心臓病の診断法についていつか書いてみたいと話をした。

そのときはまさかそれがすぐに実現するとは思わなかったが、数日後には出版社から執筆の依頼が来た。まさに冗談から駒が出たようなものだった。それを受けて、全力投球で書きあげたのが『心臓病で死なない本』（主婦と生活社）で、当時かなりの評判になった。これを契機にテレビ朝日の『モーニングショー』で毎週金曜日に「朝の診断室」という十分間のトーク番組が新設され、それを一年間続けることになった。それからは周囲がいろいろな分野で私の出番を過分に作ってくれることになったのだが、このような一連の僥倖の発端は、フリーのライターに自分の出番をアピールしたことだったのである。

じっと出番を待っていないで、自分で探す

仕事やボランティア活動に従事している高齢者は各々の立場で自分の出番があるので、そこを拠点に社会とのつながりを構築することができるし、さらなる出番を開拓することも可能である。

社会的活動から遠のいている高齢者が出番があまりない現状に満足しているなら何も言うことはないが、もう少し出番があってもいい、あってほしい、と思っている人はただじっと出番を待っていないで自分で探すべきである。本気になって探せば見つかるものである。友人、知人、かつての上司、同僚、部下、関連会社や得意先の人たち、親戚、先輩、後輩などありとあらゆる人脈を辿って自分の出番がないかどうかをたずねるのである。まさにこのようにして第二、第三の人生をスタートさせた人をこ

れまでに何人も見てきた。

出番を外にではなく家の中に探すのも面白い。それには家人がしていた仕事を引き受けてみるのが手っ取り早い。それも家人が手を焼いている仕事、たとえば、玄関や勝手口や風呂場などの掃除を自分の出番として一手に引き受ければ、それはもう確実に株が上がる。家の中の私の出番はそれほど多くはないが、中学三年の孫娘の英語・数学・理科と小学六年の孫息子の英語・数学の家庭教師の真似事をしていることは、今のところ私の出番としてほどほどには評価されているようだ。家の外でも内でも自分の出番があることは心地いいものである。

体を使え、頭を使え、心を使え

――相手の立場で物事を考えると、自分が優しくなれる

ぼーっと生きてんじゃない！　さあ、もっと、体を使え、頭を使え、心を使え、と血気盛んなころの自分から怒鳴られているような気がすることが度々ある。確かに、近ごろは書斎のリクライニングシートに座って、本を読むでもなく、思索にふけるでもなく、テレビを見るでもなく、ただぼーっとしていることが少し多くなった。

そんなときには、まあ、いいっか、としばらくだらけたままでいることもあるにはあるが、それでもたいていはこのままだと本当に呆けてしまうぞ、という声なき声で警告されて、机に向かうか、居間で家内と無駄口を叩くか、庭に出てあちこち歩きまわるかなどして、とにかく体を動かすことにしている。

もともと、フットワークがそれほど軽いほうではないが、それでもまあ人並み程度だと思っていたのだが、近ごろではかなり軽くなくなってきていることに気づいている。以前なら、やらなくてはならないことがあるとすぐに行動していたのに、今では、何とかやらずにすまされないかとか、いつかはやらなくてはならないにしても、今ここですぐにやらなくてもいいのではないかなどと、体を動かさずにすませたいというずるけた思いが頭に浮かんできてしまう。

頭は使えば使うほどよくなる

これには加齢による体力の衰えが関わっているのは確かだが、気力の衰えも相乗的に作用しているのも間違いない。そんな情けない自分に発破をかける思いで、とにかく億劫がらずに体を小まめに使えと号令をかけるのが日常になっている。

日々の生活の中では習慣的行動が連続しているので、とくに頭を使わなくても支障なく物事が推移しているのが普通である。そうなると、大脳の主要な仕事である思考や認知などの活動が低下して、一時的にせよ休眠状態のようになる。このような状態が長期間続くことになると、次第に知的レベルが低下してきて、やがては認知症へと進展することにもなりかねない。そんなことにならないためにも、頭はもっともっと使わなくてはならない。頭は使えば使うほどよくなるというのは本当なのである。

　頭を使う手っ取り早い方法として、読書と書きものは毎日欠かさずしている。毎朝、新聞を丁寧に読み、午前中はパソコンのキーを叩いて文章を書き、週に二日医者に戻っている日を除いて、午後の気だるい時間帯には小説を読む、それに昼の時間帯に週に三回スポーツジムへ行くのを加えているのが、今の私の基本的な生活スタイルである。

　高齢になると体のあちこちに不具合が出てきたり、身のまわりのことをするのに手いっぱいになるなどして、自己中心的になりやすくなり、ややもするとまわりの人たちへの心配りが疎《おろそ》かになってしまう。そうなると周囲の人たちとの心情的なつながりに支障をきたすことになり、そうでなくても高齢者が陥りやすい孤立化を一段と深めてしまうことにもなりかねない。そうならないためには、もっと心を使う必要がある。

心を使えば使うほど魂の香気が高まる

自分が今日あるのは、これまでに数えきれないほどの人たちの恩情を受けてきたからであることを真摯に心に刻んで感謝することである。私たち高齢者が今最も必要としているのは、感謝と報恩の心だろうと思う。

私は医者という職業を選んで正解だったと思っている。それは、凡庸な私が微力ながら直接人のために尽くすことができる立場に就くことができたからである。私はこれまでに多くの患者さんの診療を介して、臨床医としての経験を積み、医学の知見を深めることができた。患者さん一人ひとりが臨床医としての私を訓育してくれた大恩人である。これまで受けた大恩の億万分の一でも報いるために医師として働けるかぎり微力を尽くしたいと思っている。

今とくに心がけていることは——いい年をして今さら何を言うのかと失笑を買うかもしれないが——人に何かをしようとするとき、相手がそれをどう受け止めるかを相手の立場になって考えることである。若いころもそのように心がけていたつもりではあったが、それが満足にできていたという確信が持てないでいた。ところが年を重ね高齢になるにつれて、それがそれほど難しいことではなくなってきている。そして、相手の立場に立って物事を考えると、自分が優しくなれることにも気づいた。心を使えば使うほど魂の香気は高まり、辺りに和《なご》やかな生気が浩然と流れるのが感知され感動している。

第四章

老いに縛られない生き方

我が老いをゆく。ロウ（老）イング・マイ・ウェイ

——遊ぶもよし、働くもよし

老いの流れに懸命に逆らって若返りに夢を託している人、老いの緩やかな流れに巧みに身をゆだねている人、老いの激流に抗いもせず流れにただ身をまかせている人、そこから抜け出そうと必死になっている人など、人生いろいろ、老いもいろいろである。

高齢になるにつれて、誰もが年はとりたくないと思って、自分なりのアンチエイジング（抗加齢）を心がけているはずである。中には、ホルモン療法、免疫強化療法、抗酸化療法などの薬物療法を積極的に取り入れている人もいるが、その効果や安全性に対する評価はさまざまであり、まだ一定の結論を得るまでには至っていない。だが、

そう遠くない将来には、画期的なアンチエイジングの手法や療法が開発され、見た目も中身も若々しい高齢者がぞくぞく出現してくるのではないかと、そんな気がする。

現時点では、多くの人はアンチエイジングのためにも、生活習慣を見直すことにフォーカスを当てている。アンチエイジングで注目を集めてきているのが、カロリー制限であることはすでに周知されていると思う。食べすぎが体によくないことは重々承知していても、おいしそうなご馳走が目の前に出されると、つい食べすぎてしまう。

年をとると体の代謝能力も落ちて、エネルギー効率が悪くなる。それにもかかわらず、若いころと同じように食べていたら、消費しきれないカロリーが過剰な脂肪となって蓄積され、肥満の原因になる。

長寿の人々は粗食

どのくらいのカロリー摂取が適切なのかは、年齢や活動の度合いなどで決まるので、栄養士の指導を受けることが望ましいが、とりあえずは、腹八分目、できれば七分目を心がけることである。その腹具合がよくわからないという人には、いつも食べているすべての食べ物を二割ないしは三割残すことを勧めている。カロリーを七割に制限すると、マウスやサルでは長生きすることが実証されており、人間でも粗食だと長寿になるというデータは豊富にある。体が「食べ物が足りない」と認識すると、長寿遺伝子のスウィッチがオンになるらしい。

　意地汚い私は、その長寿遺伝子のスウィッチをオンにする状況を思い描いて、あともう少し食べたいという気持ちに蓋をして箸を置くことを自分に言いきかせている。これが単純な私には結構うまくいっているのである。

　高齢にもかかわらず気が若い人は、見た目にも年齢を感じさせないさわやかなオーラが漂っている。スポーツジムでお会いする同年輩の高齢の人たちの中には、がんの手術を受けた人、心筋梗塞でバイパス手術やステントの挿入を受けた人、脳卒中後のリハビリを乗り越えてきている人、脊椎や膝関節の手術後の人など、さまざまな病気を経験し、今も病気の再発や悪化の不安を抱えている人が何人もいる。だが、ほとんどの人はそんな不安はおくびにも出さずに、明るく振る舞っている。その人たちの話を聞いていると、過ぎたことはもうどうにもならないが、これからのことは自分の裁量で何とかなるところがまだ多分にあると信じていることがわかる。

現実がどうであれ、明るく振る舞うこと

「外相整えば、内相自ずから熟す」と言われている通り、現実がどんなに悲観的な事情に取り囲まれていても、とにかく明るく、前向きに振る舞っていれば、心の中も次第にそれに同調して明るくなるものである。また、気を若くしていれば、外見も自ずと若々しい振る舞いになり、「内相整えば、外相自ずから熟す」にもなる。内相からでも外相からでも、どちらからでもいい、とにかく明るくすることが大切である。

まだそんな年でもないのに、すっかり老け込んでいる人を見かけることがある。とくにこれといった病気を抱えているわけではなく、高齢者なら誰もが多少なりとも悩んでいるような体の些細な不具合を理由に、仕事の第一線から身を引いて、籠（老）城を決め込んでしまうのは、あまりにももったいない気がしてならない。

一方、仕事をしている高齢者は概して実年齢より若く見える。それは仕事を介して実社会に生産的に関与しているという認識が活力を産み出しているのだと思う。仕事を離れ、悠々自適な優雅な生活をしている高齢者は、豊かで穏やかな老生をエンジョイしているように見え、羨望の念を禁じ得ない面もあるが、その一方で、今も老躯を駆って現役で働いている我が身もまんざらでもないと感じている。

「村の渡しの船頭さんは　今年六十のお爺さん　年はとっても　お船を漕ぐときは元気いっぱい艪《ろ》がしなる　それ　ぎっちら　ぎっちら　ぎっちらこ」

これは一九四一年に発表された童謡『船頭さん』（作詞＝武内俊子、作曲＝河村光陽）の一部だが、その当時の平均寿命が五十歳くらいなので、六十歳はもうお爺さんとみなされていたのだろうか。その歌詞から推測して、平均寿命に十歳を足した年齢くらいをお爺さんとすれば、二〇一九年現在の男性の平均寿命は八十一・四一歳なので、九十歳くらいからお爺さんと呼ばれるのが相応《ふさわ》しいことになる。そう言うにはちょっと無理があるかなという思いもあるが、人生百年時代の今、希望的観測をもとに、『船頭さん』の替え歌を作ってみた。

「庭の畑で働く人は　今年九十のお爺さん　年はとっても働くときは　元気いっぱい精を出す　それ　ドッコイ　ドッコイ　ドッコイショ」

遊ぶもよし、働くもよし、それほど多くは残されていないこれからの貴重な時間を「ロウ（老）イング・マイ・ウェイ」（我が老いをゆく）で存分にエンジョイしたいものである。

縁起を担ぐ

――「日々是好日」として、一日一日をゆっくりと大切に

とくに縁起にこだわっているつもりはないのだが、それでも縁起が悪いとされていることはできれば避けたいと思うし、良いとされていることには気持ちが動く。これは、私たちが不吉な出来事と背中合わせの日々を過ごしているからで、医者になってから、私の中に少しずつ浸み込んできた習性のようなものなのかもしれない。

先述のように、スポーツジムには週に三回、朝、オープンしてすぐに入り、筋トレとスイミングで二時間ほど過ごしている。受付でロッカーのカードをもらい、二階まで急な階段を上り、そこで靴をスリッパに履き替えて中に入るのだが、靴箱は「１１４」番と決めている。それは、入れやすい位置にあるということもあるが、「１１４」

が「イイヨ」とも「イイ死」とも読めることもあって気に入っている。

ロッカーは好きなところにカードを入れて使用するシステムなので、ここも好みの場所を選択できる。そこで選ぶのは「００１」か「００７」にしているのだが、これは先着者がそこを選んでいることがあるので、思うようにいかないこともある。そのときはもう縁起のいい番号を探すなどはしないで、適当なロッカーを使っている。

服（福）を重ねて退院していった女性

私の縁起担ぎはせいぜいこの程度だが、医者になって間もないころに担当した入院患者さんに、そんな人は滅多にいないと思われるほどの、縁起担ぎの高齢の女性がいた。この患者さんは始終、暦や易の本を見ていて、縁起の良いこと、悪いことを周囲の人に話をしていたので、それを気にする人からは苦情が出ていた。

記憶に残っているのは、この患者さんは「四」が「死」に、「九」が「苦」に関連するとして、何事につけても「四」と「九」がつくものを忌み嫌っていたことである。

入院しているときは、四と九のつく日には家族が見舞いに来るのを禁止していたほどだった。

もう一つ強烈に記憶に残っていることがある。それは、数ヶ月間にも及ぶ入院を無事に終えて退院することになった真夏の大安吉日の日に、看護師控え室でカルテを記入していた私のところへ、退院の挨拶に来られたときのこと。その当時はまだ冷房設備が充分には普及していなかった時代だったので、病院内はどこも蒸し暑さでむんむんしていた。

私は白衣など着ていられず、半そでのワイシャツにノーネクタイというラフな恰好でカルテの記載をしていた。ところがその患者さんは、まるで冬の正装ではないかと思わせるほどの厚着の装いだった。当然、顔や首筋からは汗が滴り落ちていた。お互いの挨拶が終わったとき、

「暑くないですか」

と思わず口にしてしまった。そのとき、その患者さんは驚くことを言ったのである。

「ええ、それはもう、とても暑いのですが、服（福）を重ねて着て退院したいもので

すから、我慢しているのです」

確かに、不吉な言葉やそれを連想させるような言葉を見たり、聞いたり、話したりすると、それに感応して不吉なことが起こる気がするし、反対にいい言葉だと良いことが起こるように思えてくるものではあるが……。

ところで、元日から二日の夜、または二日から三日にかけて見る、いわゆる初夢で縁起がいいとされているのは、「一富士、二鷹、三茄子《なすび》」と昔から相場が決まっているが、私はこの年になるまで初夢の中にこの三つが出てきたというはっきりとした記憶がない。

「富士」は「不死、無事」、「鷹」は「高い」、「茄子」は「成す」という意味に解釈すれば、めでたいことには違いない。だが、そんな言葉の語呂合わせだけなら、ほかにもいろいろあるだろうに、なぜこの三つの夢がそんなに縁起がいいとして、今日まで言い伝えられてきたのだろうか。その謂《いわ》れについては諸説あるらしいが、中でも有力なのは、徳川家康がこの三つを好んだので、これを初夢に見れば、天下人になった家康にあやかって、偉い人になれるということらしい。しかし、さすがに今の時代にはもう、「一富士、二鷹、三茄子」は初夢ベストスリーにランキングされることはないだろう。

さて、今日の高齢者にとって、初夢ベストスリーは何であろうか。望ましい初夢候補としては、認知症にならないでいること、自分も家族も健康でいること、経済的に恵まれていること、仕事に恵まれていること、などが上位にランキングされることはまず間違いないであろう。

「四」と「九」は本当に縁起が悪いのか

縁起の悪い数字として、「四」と「九」を意識することがよくある。それは、「四」が「死」に、「九」が「苦」に響きが同じであるからであろう。多分今でも、「四号室」という病室がない病院は少なくない。外来の診察室の番号も、今勤務している病院のように、「四番」と「九番」を避けているところも少なくないだろう。そんなことを考えていたら、まさかとは思うが、病院や市役所や郵便局などの受付番号から

「四番」や「九番」は欠番になっているのではないかと、そんな気がしてきた。

欠番といえば、車のナンバーの下二桁の番号で「四二」と「四九」が今でも欠番になっているようだ。それは「四二」が「死に」、「四九」が「死苦」や人を「敷く、轢《ひ》く」を連想させるからである。また、数字の読み方の語呂あわせで「四二一九＝死に行く」や「四二五六＝死にごろ」は忌避されることが多いらしいが、これは欠番にはなっていない。

ところで、私はこの「四二」と「四九」とはいささか関わりがある。でも、それを自己流の解釈で縁起のいいものに差し替えて面白がっている。母校の大学では卒業を年度で表現するより、卒業回数で言うことのほうが普通になっている。そして、私は四二回生なのだが、この「四二」を「死に」などとは読んではいない。「四二」を「フォウ（四）・ツウ（二）」として、それを早口で言うと、「フォーチュン」（fortune＝幸運）にも聞こえなくもないことから、「四二回生」（幸運回生）と受け止めて悦に入っている。

私たちの結婚記念日は四月九日だが、その当時は「四」と「九」の数などは気にもかけなかった。だが、最近になって気づくと、そういえばあまり縁起のいい日ではなかったのだなあ、と思えてきておかしくなった。

それなら、「四」と「九」の組み合わせを縁起がいいようにこじつけるにはどうしたらいいかと、閑《ひま》な時間がたっぷりあるので、いろいろと考えてみた。そして、辿りついたのは、これまでの悪路続きの五十年を越す人生街道を、夫婦ともどもまずまずの健康状態で、四輪九（駆《く》）動《どう》の車のおかげで乗り越えられてきたということである。

物事がいい方向に向くように気持ちを切り替えることは老人の得意技でもある。

「日日是好日」として、一日一日をゆっくりと大切に過ごしたい、そう思っている。

「これにて一件落着！」とはいかない

——人生は多くの問題を抱えながら進むもの

「これにて一件落着！」というのは、芝居やテレビドラマの中で、遠山の金さんこと江戸町奉行遠山金四郎が、お白洲で最後にこれを口にして決着がつくという、あのお馴染みの名セリフである。これを耳にすると、こうなるものと初めからわかってはいるものの、ちょっとすっきりとした気分になる。だが、そのすぐあとに、でも、これで本当に一件落着したのだろうか、まだまだ解決しなくてはならないことが山ほど残っているはずなのだがと、よけいなことが頭をかすめる。

現実には裁判の第一審で判決が出て、そのまま一件落着と結審する場合もあるだろうが、敗訴した側はその判決に納得しないこともあるだろう。その場合、第一審の判決を不服として、上級裁判所に原告側から、ときには検察側からも控訴されて再審議されるが、さらに第二審判決も上告されることもあり、結審に至るまで長い年月がかかることも少なくない。そして、ようやく結審しても、原告、検察のどちらか、あるいは双方に、不服を残したまま裁判は終結することになる。

多くの人の間で物事を決めるとき、全員一致で賛否が決まることもあるが、多くの場合多数決により採決される。多数派は採決の結果に満足するが、それに反対した少数派は満足しないだろう。だが、民主主義のルールにしたがって納得するしかない。そして、これで一件落着のはずなのだが、実際はそう簡単にはいかない。そこで生じたわだかまりは、その後も深く長く潜在することになり、完全に形骸化されるまでにはかなりの時間が必要になる。

わだかまりは、時間をかけて消えていく

些細なことで仲違いしていた友人と、これまでのことは一切水に流そうと決めて交

友を再開しても、心のどこかにわだかまりが残っていて、以前のようにはしっくりといかないと感じることがある。でも、それはしかたがないことだと思う。一切を水に流して真っ白な気持ちにすぐになれるなど、実際にはあり得ないことなのである。このことを承知のうえで、時間をかけて気持ちを解いていくうちに、そのわだかまりが心の襞の間に閉じ込められ、ようやく意識に上ってこないようになるのである。

医療の現場では「これにて一件落着！」と言いきれないことが実に多い。病気が治って一件落着とばかりにほっとしていると、しばらくして再発したり、余病が併発したり、後遺症が出てきたりすることがある。つい最近の出来事を振り返ってみても、そのような患者さんは何人もいる。

元気でボランティア活動に参加していた七十代半ばの男性が、転んで大腿骨頸部《だいたいこっけいぶ》を骨折して手術を受けた。手術は成功し術後の経過は良好だったので、これでひとまず一件落着であったはずなのだが、そうはいかなかった。退院後は家に閉じこもりがちになり、一年もしないうちに認知症の症状が出現するようになってしまった。

市の健康診断で便の潜血反応が陽性だった八十代前半の女性が、内視鏡検査で大腸がんが発見され、がんを含む大腸の一部を切除する手術が行われた。術後の経過は良好で何事もなく過ごしていたが、半年後に突然、激しい腹痛を認め、緊急検査の結果、切除した大腸周辺の癒着によるイレウス（腸閉塞）と診断されて再手術となった。

人間ドックの結果だけで安心はできない

健康診断や人間ドックで問題点はない、健康体であると診断された人が、それから数ヶ月後にがんが発見されたり、狭心症、心筋梗塞、脳卒中などになることがある。健康診断や人間ドックに組み込まれている検査で検出することができない病気はいくらでもあるし、また、どんな検査でもその人の予後を百パーセント確実に予測することはできない。どのような精密検査でも、その診断精度にはおのずと限界があるのである。

大学病院に勤務していたとき、手術の名手として国際的にも大活躍していた消化器外科のＳ教授は、胃や大腸のレントゲン検査でがんの所見はないと診断されても、初期がんが見落とされた可能性は否定できないとして、半年ごとの検査が必要だと主張していた。もし、初期がんが見落とされたとしても、半年後にがんが発見されれば、まだ手術で助かる見込みはあるが、一年後なら手遅れになっているかもしれないというのが教授の考えであった。

その当時はまだレントゲン検査が主流であったので、診断の難しい初期がんより、さらに進んだがんでも見落とされることもあったのかもしれない。そう考えると、半年ごとに検査をするのは実際には難しいとは思ったが、教授の懸念は理解できた。

ところが、後日談になるが、Ｓ教授は大腸がんで亡くなられたのである。紺屋《こうや》の白《しろ》袴《ばかま》でご自分に対しては適切な検査を怠ったのか、それとも検査で見落とされたがんの進行が著しく速く、半年後の検査でがんが発見されたときには、手術による治療が間に合わなかったのか、そのあたりの詳細はよくわかっていない。

今日ではレントゲン検査に代わって、内視鏡検査が行われることが多いので、がんの診断精度は格段に向上した。だが、あくまでも内視鏡により得られた画像を肉眼で診断するので、初期がんを見落とす可能性は今でも完全には否定できない。がんの疑いありと判断されれば、その箇所の組織を採取して病理検査で確定診断をすることはできるが、疑いを持たなければ、組織の採取は行われずに異常なしと判定されることになる。すべてのがん検診において、異常なしの判定の裏側には、初期がん見落としの可能性があることを肝に銘じて、定期的に人間ドックに入るか、公的医療機関が勧めるがん検診に積極的に参加すべきである。

　これまでに身のまわりに起きたさまざまなことを振り返ってみると、これにて一件落着と受け止めていたのに、実際には多くの問題を抱えたままで、まだ「一件落着」にはなっていないことが多いように思う。

「もう無理」から「まだ、できる」へ心を切り替える

――軽度認知障害の適切な治療・予防法

もうちょっと無理かもしれない、と思われることが日々の生活の中に、ぽつりぽつりと現れ出したのがいつごろだったのか、はっきりとした記憶はない。だが、還暦を過ぎるころには、あれも、これもと出始めていたのは間違いない。それが今では、ちょっと無理かもしれないことのオンパレードで、まだできるかもしれないことを脅《おびや》かしている。

私は三十年以上、自宅近くのスポーツジムに通っている。原則として週に二回、エアロビクスをしていたが、五年ほど前にエアロビクスをしたあとに両側の膝関節に軽い痛みを認めるようになったこともあって一時休止し、筋トレと水泳に切り替えた。

その後も、ときどきエアロビクスのレッスンに入ってはいたが、運動後の膝の痛みが気になるうえに、インストラクターの動きについていくのが後手後手になっているように感じられ、未練はあるものの、これ以上は無理と判断してやめることにした。

ジムでの運動の疲れは一日休めば今でも大体とれているが、二日連続して運動すると、情けないことにその後の二、三日は疲れが残ってしまう。私が行く時間帯にジムに来ているほぼ同年代の人たちの多くは、週に一日の定休日以外は毎日来ているらしいのだが、疲れている様子がまるで見られない。その人たちのそばにいると、引け目を感じることもあるのだが、でも傘寿《さんじゅ》を越した年齢であることを考えると、私くらいが平均的な、いや、それよりちょっと上の体力レベルであって、その人たちは特別で、言うなればスーパー・フィジカル・エリートではないかと思うことにしている。

大学に勤務していたとき、六階の教授室へは、たいていエレベーターを使わずに階段を上っていた。一階から六階までのちょうど百段の階段を重い大型のサムソナイトのアタッシュケースをぶら下げても、六十秒未満で、さほど息も切らさずに上っていたのである。それが今では五十段にも満たない駅の階段ですら、六十秒近くかけないと上れないありさまである。

またかつては、エスカレーターを利用する際には、左側でじっと立ったままでいることなどしないで、右側を駆け上ったり、駆け下りたりしていたのだが、今ではもうそんな無理はしないで、左側で手すりにつかまっておとなしくしている。だが、間違って右側に乗ってしまうこともある。そんなときには、後ろからせき立てられていることを感じて、無理して歩いてしまう。そして、途中で息が上がって立ち止まってしまい、もうこんなことをするのは無理だと再認識することになる。

自分でできないことは原則として諦める

強がるわけではないが、駅の階段を二段飛びで上ることは、今でもやってやれないことはないと思っている。だが、これまでにそれをやって何度か足を滑らせて、危うくすべり落ちそうになったことがあったので、もう何年も前からやらないことにした。足早に階段を下りることも今はもうちょっと無理なので、手すりのそばを、ときには手すりにつかまりながら、一歩一歩足先を確かめながら下りることにしている。

椅子や脚立を使って高いところの棚にものを出し入れしたり、電球を取り替えるといった作業は、足元がふらついて今にも落ちそうに感じられるので、今ではその類《たぐ》いの家事一切は子供たちにまかせることにした。自分でできないことは原則として諦めることにしているので、子供たちがいないときには、無理して自分でやらずにそのままにしている。

早寝早起きはもう子供のころから続いている年季の入った生活習慣なので、夜が明けるずっと前に目が覚めることは当たり前になっている。若いころは目が覚める時刻はたいてい五時近くだったのが、還暦あたりから少しずつ早くなってきて、今では二時か三時ごろになっている。それからもうひと眠りしようと思ってもなかなか眠りにつけず、結局、五時前には起きてしまう。そんなわけで、孟浩然《もうこうぜん》の「春眠 暁《あかつき》を覚えず、処処啼鳥《しょしょていちょう》を聞く……」の詩で詠われている、「春の夜は眠り心地がいいので、夜が明けたことにも気づかず、つい寝すごしてしまう」というような、おおらかな春眠を愉しむことなど、もうとっくに無理だと諦めている。しかも無粋にも春眠はおろか、夏眠、秋眠、冬眠にもしっかりと暁を覚え、処処啼鳥を聞いているのである。

カードゲームの「神経衰弱」やオセロゲームに小学六年生の孫に常勝するのはもうちょっと無理になってきた。この分でいくと、まもなく完敗の連続となり、相手にされなくなるのではないかと思われる。思考力・集中力・記憶力が低下してきているという認識はあるにはあるのだが、それがどの程度なのかとなると、まだかなり甘い査定になっているのだろうと思う。

パソコンを開くと無料で楽しめるゲームがいくつも出てくる。その中に「神経衰弱」もあればオセロもある。しかもご丁寧に、初級、中級、上級というランキングまでついている。その初級ですら三回に一回くらいしか勝てないのが今の私の脳力である。

早歩きは軽度認知障害の予防に最も有効

このように、もうちょっと無理かもしれない、と思われることが増えてきている今の状況は、認知症の一歩手前の軽度認知障害のステージのすぐそばに来ていることの証左なのかもしれない。軽度認知障害の段階で適切な治療を行えば、認知症になるリスクを五十％も減少させることが可能であるとされている。

その適切な治療法として、早歩き、筋力トレーニング、食生活の改善（野菜や果物や魚の積極的な摂取、塩分・動物性脂肪の制限）、記憶力を高めるゲーム、適切な血圧管理などがあげられている。

中でも早歩きは軽度認知障害の治療・予防に最も有効とされている。早歩きはもうちょっと無理だと敬遠していたら、それこそ認知症への坂道を転げ落ちていくことになるのは必定《ひつじょう》だと認識しているので、これくらいでは不充分であることは重々承知はしているのだが、とりあえず一日三十分間の早歩きを自宅のランニングマシーンで行い、また、スポーツジムのプールでの水中ウォーキングでは早足を心がけている。そして、「もう無理」から「まだ、できる」への心の切り替えを当面の課題にしている。

何かを始めるには、やはり基本が第一

――何事も腰を据え、じっくり取り組む

国際的に知られているスポーツ選手や芸術家の修業時代の話を新聞や雑誌で読んだり、テレビのインタビュー番組を通して見聞きしたりして、「やはり基本が第一」であることを感得することがよくある。それらの超人たちは、例外なくその道の基本を気が遠くなるほどの時間をかけて徹底的に修得している。このような忍耐強く、没我的な基本の修練が作りだす膨大なパワーが、氷山の水面下の巨大な氷塊のように、下から支えているからこそ、超人的なプレイや演奏や演技や作品が生まれるのであろう。

米寿スイマーの見事な泳ぎの理由

このようなレベルからは程遠い話になるが、基本をきちんと身につけている人はそうでない人と比べると「やはりまるで違う」のは明らかである。スポーツジムのプールへ行くたびに、数年後に米寿を迎えるという男性と一緒になる。その男性は週に三日しか行かない私とは違って、毎日来ているとのことで、いつも歩行専用のレーンを同年輩の人たちと談笑しながらゆっくりと歩いているので、泳がない人だと思っていたがそうではなく、見事なスイマーだった。

私が行く午前中の時間帯では、一番端の歩行専用レーンの隣は、二十五メーター泳いで休む人専用のレーンになっていて、このレーンを利用している人は主に初心者か高齢者であり、そこでは目を見張るようなきれいなフォームで泳ぎをしている人はほとんどいない。ところがある日、絶妙なクロールで泳いでいる人を見かけた。二十五メーター泳いでひと息ついているその人の顔を見て驚いた。あの高齢の男性だったのである。

あとになって知ったのだが、その男性は何年か前に、初心者向けのレッスンを受けていたとのことだった。やはり基本をしっかり身につけたからこその素晴らしい泳ぎなのだと羨望を込めて納得した。私は平泳ぎしかできない。それもまったくの自己流で、正式な平泳ぎのフォームとは似ても似つかないものであることはよく承知している。基本が大切であることは充分認識しているので、何事にもできるだけ基本に忠実に実践するようにしているつもりなのだが、ことスポーツに関しては、あまり興味がないこともあって、基本をないがしろにするきらいがある。

大学に入ってからスキーを始めたのだが、これも一向に上達しなかった。それは、運動神経が劣っているうえに、基本的な滑降技術を充分に身につけるトレーニングを怠った結果であることは明白だった。それまでまったくスキーの経験がなく、どうみても私より運動神経が格段に優れているとは思えない友人が、そのシーズンの終わりには、三年間のスキー経験がある私など足元にも及ばないほどの見事な滑りをしているのを目《ま》の当たりにして、愕然としたことが今でも鮮明な記憶として残っている。彼はシーズン中、三回もスキー教室に入って、基本をしっかりと身につけたようだった。

いくつもの技に手を出し、いずれもものにならなかった

小学校、中学校、高等学校を通して、スポーツとはまったく縁がないままできた私が、こともあろうに、大学に入ってすぐに、柔道部に入部してしまった。ここでも基本を徹底的に身につけなかったために上達しなかった。一つの技を基本から完璧に修練して、自分の得意技を身につけるべきだったのに、それをせずに、いくつもの技に手を出し、そのいずれもものにならなかったのである。かろうじて黒帯にはなれたものの、東日本医科学生総合体育大会を含む、公の試合できれいな一本勝ちをしたことなど一度もなかった。

それでも学生のころ基本を身につけたことが、これまでも、そして、今でも大いに役立っていることがある。それは、英文タイプライターを短期間ではあったが専門学校に通って基礎の基礎からトレーニングを受けたことで、英文をブラインドで打つこ

とができるのである。このことが医者になってから、研究成果を英文に仕上げるうえでどれだけ役に立ったか、計り知れないものがある。

この英文タイプの技術があるために、パソコンで文章を作成する際にブラインドで、それもかなりのスピードと正確さでキーを打つことができる。パソコンをブラインドで打つことができるメリットは、原稿を書くときだけではない。現在、多くの病院ではパソコンを使っての電子カルテが使用されているので、キー操作に時間がかかってはスムースに診療を進めることができない。その点、電子カルテのさまざまな機能を使用するのに手こずることがままあるものの、カルテを記載するという操作は難なくこなすことができるので助かっている。

こうしてこれまでのことをあれこれと振り返ってみると、しっかりと身についたものは、やはり基本を修得したことばかりであることがわかる。「今さら」を「今から」にして、何かを始めるとしたら、手っ取り早くではなく、基本から腰を据えて始めたほうが、この先ゆっくりと愉しむことができると、つくづくそう思うのである。

「老働力」が必要になる

——得意なことを生かして、定年後の仕事につなげる

高齢者の中には、もう働きたくないという人もいるだろうし、また一方では、自分に合った仕事があれば働きたいと思っている人もいるに違いない。長年携わっていた仕事を離れると、しばらくの間は、何からも縛られない自由な時間に包まれて、まさに我が世の春を楽しんでいた人も、やがてそれだけでは満足できなくなってくる。このままでは自分が自分ではなくなってしまうのではないかという焦燥感にかられて、何はともあれ、今の自分を生かすことをしてみたいと思うようになるのはごく自然なことである。

ただ趣味として手がけていたことを本格的に取り組んでみることで、それまでとは

違う世界が開かれることもある。私のまわりには、写真が趣味だった人がセミプロの写真家になったり、英語が堪能な人が英語塾を開いたり、料理が得意な人が自宅のキッチンを料理教室にして教えていたり、など趣味が定年後の仕事につながっている人が何人もいる。また、得意なことを生かして起業してみるのも「老働力」を生かす一つの手段かもしれない。

医師は、医療を続けられる知的ならびに技術的レベルが保持され、体調にも問題がなければ、年齢に関係なく医療に携わることは可能である。とくに内科系の医師は、加齢により影響を受けることのある手術的技術ではなく、内科的治療経験と知見を駆使して治療に当たることを主力にしている。

開業している同窓生の多くは、今も一人で、夫婦で、あるいは、医師になった子供と一緒にクリニックで働いている。大学病院を定年退職した友人に、私のように非常勤の医師として、しかも、外科医として週に何日か手術をしている者もいるし、週に何回か麻酔医として手術に立ち会っている者もいる。

私が主宰していた内科学教室にいたＯＢからの近況が記された賀状を見ると、思わず頻が緩む思いになる。彼らの多くは還暦を過ぎていて、中にはすでに孫がいる者もいるし、医者になった息子が診療の手伝いをしているという者もいる。また、九十歳を越す父親がまだ現役の医者としてクリニックに出ているので、未だに若先生として一緒に診療をしている、という者もいる。

少子高齢化と人口減少が深刻な社会問題になってきている今、高齢者が少しでも長く、地域や経済の支え手として暮らしていく社会をいかに構築できるかが、これからの社会保障制度を担っていくうえで重要な課題である。人口に占める六十五歳以上の割合を示す高齢化率は三十%近くにもなっている。六十五歳以上を高齢者とする区分を見直すべきだとする動きがあるのは当然で、日本老年学会と日本老年医学会は、六十五〜七十四歳を准高齢者とするように提案し、七十五歳以上を高齢者と位置づけた。

まあ、現時点ではそこらへんで線を引くのが妥当だとは思うが、人によっては八十歳以上としてもいいようにも思う。患者さんと雑談をする折々に、六十五〜七十四歳が若年寄、七十五〜八十四歳が老中、そして、八十五歳以上が大老ではないか、などと無駄口を叩いている。

心身のデータを医学的に検証した結果、十～二十年前と比べて、加齢に伴う身体のさまざまな機能変化が五～十年遅れて表れていることがわかった。

「えっ、あの人がそんな年なの。知らなかったなあ。どうみても、年よりは、十歳、いやそれ以上若く見えるよなあ」

このような会話がそんなに珍しくなくなっている。日本人は若返っているのである。

定年退職後も元気な准高齢者は社会の支え手として、できれば本格的に働いて、納税する側に入って活動することが期待されている。働き手を増やさなければ今の社会保障制度を維持することが難しくなる。私は週に二日、しかも午後だけしか働いていないので、大口を叩ける立場ではないのだが、それでも微々たりとはいえ納税している。このことに、ほんの少しだけ満足し、そして、感謝している。

社会にとっては貴重な資源、本人にとっては大切な財産

働く意志があり、しかも、まだ働ける条件が充分備わっているのに、就職できない

でいる高齢者は大勢いる。少子高齢化が進む人生百年時代においては、「老働力」は社会にとっては貴重な資源であり、本人にとっては、大切な財産だと思う。社会はもっと広く老働力が活用できる機会を創出する努力をすべきである。これから先もまだ当分の間、老働力は買い手市場であり、付加価値が高いほど需要が多いので、高齢者は老働力の質を向上させるための研鑽を怠らずに実行する必要がある。

これからはますますＡＩ（人工知能）が仕事のプロセスの中に導入されるようになり、人手不足は軽減されると思うが、温もりのある心を持ってコミュニケーションができる老働力の必要性は増してくるはずだ。とくに高齢者の介護サービスの面において、元気な高齢者が支え手となって手助けをする仕事は、たとえ優れたＡＩ機能を備えたロボットができたとしても、それで代替できるものではない。高齢者は自分なりにベストな老働力を提供できるように、心身の準備を常に心がけておく必要があるのではないだろうか。

明日死ぬかのように生きよ。永遠に生きるかのように学べ

——自分を最も感動させるために、丁寧に人生を歩む

日々の生活の中で動作が鈍くなったり、体が重いと感じたり、息が乱れたり、歩行中に浮遊感やふらつきを認めたり、物忘れが増えたり、物覚えが悪くなったりなどの老いの兆しの深まりを日々痛感している。近ごろ気になっている先人の言葉がある。それは、「明日死ぬかのように生きよ。永遠に生きるかのように学べ」というマハトマ・ガンジーの言葉である。この覚悟はとくに高齢者には必要だと思い、これからの生き方の一つとして受け入れて、できるだけその真意にそって生活するようにしたいと思うようになった。

生死に関わる大事が突然、何の前触れもなく身近に起きて、命の脆《もろ》さに直面し、茫

然自失となった経験のある人は少なくないであろう。そして、自分にもいつ何時同じことが起こるかもしれないという底知れぬ恐怖に襲われた人もいるに違いない。

ある朝のこと、遠くで聞こえていた救急車のサイレンが近づいてきて家のすぐ近くで止まった。窓からのぞいてみると消防自動車も停まっているのが見えたので外に出てみると、火事ではなく救急支援活動のために出動してきたらしかった。そこの家は高齢の夫婦二人だけで住んでいるので、そのどちらかに救急車を呼ぶほどの異変が生じたことは確かだった。家内は前日に元気な二人と顔を合わせていたとのことだった。

私の家の周辺は一戸建ての住居が多く、深い付き合いがない人も少なくないが、ほとんどの人は古くからの顔見知りである。家の前の道は救急車が近くにある救急指定病院へ向かう通路になっているらしく、救急車が通ることは珍しくなく、サイレンが聞こえてきて家の前を通りすぎ、遠のいていくと、ご近所に異変があったのではないとわかり、いつもほっとする。

今という時間を、最も感動的に

「明日死ぬかのように生きよ」という意味は頭では理解できていても、現実にどうしたらいいのかと思案するのだが、すっきりとした方策が思いつかない。そこで当面は、残された時間がそんなに多くないことを折に触れて喚起して、今という時間を自分を最も感動させるために使おうと考えることにしている。そして、憎んだり、怒ったり、恨んだり、ねたんだり、悔やんだりなどして貴重な時間を一秒たりとも浪費しないことも念頭に置くことにしている。

「永遠に生きるかのように学べ」と「明日死ぬかのように生きよ」とは時間のとらえ方が対極的ではあるが、今という時間を自分を高めるために丁寧に生きよ、と教示している点で通底している。

　高齢になるにつれて知的好奇心が薄れてきていることは否めないが、それでも医学の専門分野や趣味の分野への関心は今のところまずまず健在である。もうこの年になっては、今さらそんなことに関心の目を向けても何にもならないではないか、と思うこともないではないが、それでもまだそれに関わっていたいという気持ちのほうが優位に立つのである。そんなときは、多分、明日死ぬかもしれないなどとは思わずに、まだ当分の間——ひょっとしたら永遠に——生きていられると思っているのかもしれない。

いい感触の言葉に出会う喜び

今でも雑誌や新聞に記載される最新の医学情報には目を向けるし、ときには当該部分を切り取って文献用の大学ノート（今はもう九十三冊目になっている）に貼りつけている。私は「言葉」に関心がある。本や新聞や雑誌を読んでいるときや、テレビやラジオを見聞きしているときなどで、いい感触の言葉に出会うと、いつかその言葉を自分でも使ってみたいと思う。使ったことがない言葉を使うときは、それまでとは違う視界が拓けてくるように感じられていい気分になれる。

これは英語に関しても同じである。NHKラジオ英会話の放送を月曜日から金曜日までの毎朝（午前六時四十五分から七時まで）聴いている。海外へ旅行するときのための耳慣らし、口慣らしのために長年続けているのだが、こんな言葉があるのか、こんなふうに表現するのかなどと、未だに新しく発見することがしばしばである。

新型コロナウイルスのパンデミックで外国へ出かける状況が大きく変化してしまったし、いつ何が起きてもおかしくない高齢の身であることを考えると、海外旅行に出かけて英語を使う機会はもうないかもしれない。そうとわかってはいても、毎朝、英会話のラジオ放送を聴いていて、知らない言葉や気の利いた表現に出会うと、いつか使ってみよう、などと思っている。そんなときは、無意識のうちにマハトマ・ガンジーの言う「永遠に生きるかのように学べ」を実践しているのかもしれない。

＊本書は書き下ろし作品です

JASRAC 出 2010530-001

石川恭三（いしかわ　きょうぞう）
一九三六年、東京生まれ。慶應義塾大学医学部大学院修了。ジョージタウン大学留学を経て、杏林大学医学部内科学主任教授。現在は名誉教授。臨床循環器病学の権威で、専門の心臓病に限らず幅広く活躍。執筆活動も盛んで、著書多数。主な著書に『心に残る患者の話』『医者の目に涙ふたたび』『医者が見つめた老いを生きるということ』『名医がすすめる定年からのいい生き方』『50歳からの健康歳時記』『60歳からの5つの健康習慣』『命の時間を抱いて』『医者いらずの老い方』『一読、十笑、百吸、千字、万歩』『沈黙は猛毒、お喋りは百薬の長』『老い越せ、老い抜け、老い飛ばせ』『いい老い加減』『百歳を生きる処方箋』『老いのトリセツ』『老いのたしなみ』など。

老いの孤独は冒険の時間

二〇二一年一月二〇日　初版印刷
二〇二一年一月三〇日　初版発行

著　者　石川恭三
発行者　小野寺優
発行所　株式会社河出書房新社
〒一五一－〇〇五一
東京都渋谷区千駄ヶ谷二－三二－二
電話　〇三－三四〇四－一二〇一（営業）
〇三－三四〇四－八六一一（編集）
http://www.kawade.co.jp/

本文組版　KAWADE DTP WORKS
印刷　株式会社暁印刷
製本　大口製本印刷株式会社

Printed in Japan　ISBN978-4-309-02941-2